武威
社会经济发展研究

姚丽娟 ◎ 著

Research On The Development Of
Social Economy In Wuwei

中国社会科学出版社

图书在版编目(CIP)数据

武威社会经济发展研究 / 姚丽娟著 . —北京：中国社会科学出版社，2016.1
ISBN 978-7-5161-7907-9

Ⅰ.①武…　Ⅱ.①姚…　Ⅲ.①社会发展-研究-武威市　②区域经济发展-研究-武威市　Ⅳ.①F127.423

中国版本图书馆CIP数据核字(2016)第063094号

出 版 人	赵剑英
责任编辑	任　明
责任校对	王　影
责任印制	何　艳

出　　版	中国社会科学出版社
社　　址	北京鼓楼西大街甲158号
邮　　编	100720
网　　址	http://www.csspw.cn
发 行 部	010-84083685
门 市 部	010-84029450
经　　销	新华书店及其他书店
印刷装订	北京市兴怀印刷厂
版　　次	2016年1月第1版
印　　次	2016年1月第1次印刷
开　　本	710×1000　1/16
印　　张	9.75
插　　页	2
字　　数	169千字
定　　价	48.00元

凡购买中国社会科学出版社图书，如有质量问题请与本社营销中心联系调换
电话：010-84083683
版权所有　侵权必究

目 录

第一篇 低碳转型与武威经济发展方式研究

第一章 低碳经济相关理论研究综述 (3)
第一节 国外低碳经济研究情况 (3)
第二节 国内低碳经济研究情况 (6)

第二章 部分国家在低碳转型中的主要行动 (8)
第一节 英国、日本和美国推进低碳经济措施简介 (8)
第二节 中国在低碳经济发展上提出的政策要求 (10)

第三章 低碳转型与经济发展方式转变的关系 (12)
第一节 经济发展方式转变包含低碳转型 (13)
第二节 低碳转型是经济结构调整的基本方向 (14)

第四章 低碳经济是武威可持续发展的必然选择 (16)
第一节 资源能源问题突出 (16)
第二节 生态环境问题严峻 (18)
第三节 经济结构调整任务紧迫 (19)
第四节 产业集群发展趋缓 (19)

第五章 武威低碳经济发展的可行性和优势 (20)
第一节 能源资源利用效率提高和生态环境承载力提升 (20)
第二节 具有武威特色的循环经济发展模式 (21)

第六章 武威低碳经济发展的思路和建议 (22)
第一节 低碳经济发展的战略框架、体系和保障机制 (22)
第二节 大力发展新兴产业，培育低碳高新产业群 (23)
第三节 大力发展生态农业，培育低碳农业产业群 (24)
第四节 提高资源利用效率，培育低碳工业产业群 (26)

第五节　大力发展风电产业，开发新能源 …………………………(27)
第六节　碳汇减碳：植树造林，生物固碳，扩大碳汇 ……………(28)
第七节　发挥金融杠杆作用，使经济向低碳化发展转型 …………(31)

第二篇　武威城镇化与工业化协调发展研究

第一章　引言 ………………………………………………………………(35)
第一节　研究背景及意义 ……………………………………………(35)
第二节　国内外研究综述 ……………………………………………(36)
第三节　研究思路和研究方法 ………………………………………(37)

第二章　城镇化与工业化的相关内容 ……………………………………(39)
第一节　城镇化与工业化的概念 ……………………………………(39)
第二节　影响城镇化的因素，城镇化与工业化的关系 ……………(50)

第三章　武威城镇化与工业化发展现状 …………………………………(52)
第一节　武威城镇化发展现状 ………………………………………(52)
第二节　武威工业化发展现状 ………………………………………(55)
第三节　武威走新型工业化道路的劣势与优势 ……………………(59)
第四节　武威走新型工业化道路的战略研究 ………………………(61)

第四章　武威城镇化与工业化协调机制研究 ……………………………(75)
第一节　指标体系构建及数据处理 …………………………………(75)
第二节　武威城镇化与工业化协调发展程度测算与分析 …………(80)
第三节　协调度与耦合度结果分析 …………………………………(83)

第五章　城镇化与工业化协调发展的对策和建议 ………………………(85)
第一节　优化产业结构，以产业发展推进城镇化发展 ……………(85)
第二节　多措并举，有序促进农业转移人口市民化 ………………(87)
第三节　统筹城乡融合，推进城镇化进程 …………………………(88)
第四节　建立和完善社会保障体系 …………………………………(89)
第五节　奠定城镇化发展基础 ………………………………………(89)
第六节　创新融资方式，推进资金保障多元化 ……………………(89)
第七节　因地制宜，推动城镇可持续发展 …………………………(90)

第三篇　武威土地有效利用研究

第一章　绪论 ……………………………………………… (93)
　第一节　研究背景与研究意义 …………………………… (93)
　第二节　国内外研究综述 ………………………………… (94)
第二章　城市土地集约利用的理论基础 ………………… (97)
　第一节　城市土地集约利用的内涵界定 ………………… (97)
　第二节　城市土地集约利用评价的理论基础 …………… (103)
第三章　城市土地集约利用评价的机制及模型 ………… (108)
　第一节　城市土地集约利用动因之一聚集效应 ………… (108)
　第二节　城市土地集约利用动因之二要素替代 ………… (112)
　第三节　城市土地集约利用评价模型及体系 …………… (116)
第四章　城市土地集约利用评价体系构建 ……………… (121)
　第一节　城市土地集约利用评价的指导思想 …………… (121)
　第二节　城市土地集约利用评价目标和内容 …………… (122)
　第三节　城市土地集约利用评价体系的构建 …………… (122)
第五章　武威城市土地集约利用评价分析 ……………… (127)
　第一节　武威市自然经济概况 …………………………… (127)
　第二节　武威市土地利用现状与特点 …………………… (128)
　第三节　武威市土地集约利用评价总体思路 …………… (131)
　第四节　武威市土地集约利用宏观评价及结论 ………… (131)
第六章　城市土地集约利用的问题及对策 ……………… (144)
　第一节　武威市城市土地集约利用的问题 ……………… (144)
　第二节　武威市城市土地集约利用的对策 ……………… (145)

参考文献 …………………………………………………… (147)

第一篇
低碳转型与武威经济发展方式研究

第一章

低碳经济相关理论研究综述

随着气候变化问题日益凸显,以英国、美国、日本等国家为代表的主要发达国家凭借低碳领域的技术和制度创新优势,纷纷提出了各自的低碳经济发展战略和行动计划,力求在新一轮产业和技术竞争中谋求先机;俄罗斯、印度、巴西、韩国等新兴经济体也陆续开展了低碳经济政策的研究。目前北欧有丹麦、德国、荷兰、英国等十多个国家已开征碳税。日本、新西兰等其他一些国家也在考虑征收碳税。我国政府也于2009年11月向世界作出了到2020年单位GDP二氧化碳排放比2005年减少40%—45%等一系列承诺。世界银行首席经济学家林毅夫认为,对于全球气候变暖,目前各国都已经形成了三个共识:一是二氧化碳排放积累到大气当中会提高气温;二是二氧化碳主要来自发达国家工业化以后的排放;三是气候变暖所导致的异常天气的频率提高,受伤害最大的是发展中国家。因此,在这些共识的前提下,发达国家和发展中国家必须共同采取行动,都要走低碳发展道路。由此可见,发展低碳经济既是顺应国内外经济发展形势,提升武威经济实力的迫切需要,更是改善能源结构和环境质量、加快产业结构优化升级的必然选择。

第一节 国外低碳经济研究情况

从文献来看,国内外低碳领域研究的热点主要集中在低碳发展理论与模型、低碳发展评价指标、不同领域低碳技术选择及政策的分析与研究、低碳发展实践与经验总结四大领域。其中,关于多约束条件下中长期碳减排的情景分析和预测是低碳发展理论与模型研究领域的焦点之一。斯基和西冈(Skea and Nishioka)建立了一个包括日本、英国、美国、加拿大、泰国和印度等国家的国际模型，目的是比较和模拟不同情境下这些国家到2050年的碳减排及低碳发展情况。A.S.达格玛斯，T.S.巴克利用宏观计量经济 E3MG（能源、经济、环境）情景分析模型，分析了英国实现未来碳减排承诺目标的不同发展路径。藤野等应用 back-casting 方法得出日本完全可通过效率的提高、人口的减少、消费者用能行为的改变、低碳能源的使用等途径来实现70%的二氧化碳减排。除此之外，早在1847年德国植物学家和农学家卡尔·尼古劳斯·费腊斯在《各个时代的气候和植物界，两者的历史》一书中，对人类文明进步和自然生态维护的前景表示了深切的忧虑。被誉为"低碳经济的圣女"的蕾切尔·卡逊1962年出版的《寂静的春天》一书在30年后被美国推选为50年来最具有影响力的书。1966年，国外学者就提出了关于经济发展与环境压力的"脱钩"问题，首次将"脱钩"概念引入社会经济领域。脱钩理论主要用来分析经济发展与资源消耗之间的响应关系，证实了低碳经济的可能性。近年来，"脱钩"理论的研究进一步拓展到能源与环境、农业政策、循环经济等领域，并取得了一定成果。1971年，美国生物学家、生态学家巴里·康芒纳的《封闭的循环》，以及麻省理工学院夫雷斯特尔教授出版的《世界动态学》都提出了经济发展可能和已经带来的生态问题。1972年，在瑞典斯德哥尔摩召开的联合国人类环境会议上经济学家芭芭拉·沃德和微生物学家勒内·杜博斯撰写的大会非正式报告《只有一个地球》中的许多观点被写入了大会通过的《人类环境宣言》中。1972年，著名的罗马俱乐部推出了第一份研究报告《增长的极限》，为人类敲响了警钟。1982年，美国世界观察研究所的莱斯特·布朗出版了《建立一个持续发展的社会》，提出建立一个可持续发展的社会的主张。同年，法国经济学家弗朗索瓦·佩鲁也提出了"整体的、综合的、内生的"新发展观。以挪威前首相布伦特兰夫人为首的联合国"世界环境与发展委员会"，在向联合国提交的题为《我们共同的未来》的报告中，提出了可持续发展的概念及定义，引起了世界各国的极大反响。1992年6月，联合国在巴西召开了环境与发展会议，可持续发展战略被具体体现到会议发表的《21世纪议程》、《里约环境与发展宣言》等五个重要文件中。美国普林斯顿大学经济学家 G.格鲁斯曼和 A.克鲁格（1991）对66个国家和地区的空气污染物（1979—1990）和水污染物（1977—1988）的变动情况进行研究发现，大多数污染物的变动趋势与人均国民收入的变动趋势间呈"倒 U"

形关系，并于1995年发表名为"Economic Growth and the Environment"的文章，提出环境库兹涅茨曲线（Environmental Kuznetsrve，EKC）假说。美国著名经济学家莱斯特·布朗提出的能源经济革命论是低碳经济思想的早期探索，1999年莱斯特·布朗在《生态经济革命——拯救地球和经济的五大步骤》中指出：面对"地球温室化"的威胁，应当尽快从以化石燃料为核心的经济，转变成为以太阳、氢能源为核心的经济；2001年在《生态经济——有利于地球的经济构想》中，论证了从化石燃料或以碳为基础的经济，向高效的、以氢为基础的经济转变的必要性和紧迫性，重新建构了经济发展零污染排放、无碳能源经济体系。他（2002）还认为化石燃料或以碳为基础的经济，向高效的、以氢为基础的经济转变十分必要和紧迫，要建构零污染排放、无碳能源经济体系。2003年在《B模式——拯救地球延续文明》中，他又明确提出地球气温的加快上升，要求将"碳排放减少一半"，加速向可再生能源和氢能经济的转变。这些思想奠定了低碳经济的基本理论。

2006年英国发布了由前世界银行首席经济学家尼古拉斯·斯特恩带头完成的《气候变化的经济学》（又称《斯特恩报告》），对全球变暖可能造成的经济影响做出了具体而有里程碑意义的评估。斯特恩报告还指出，不断加剧的温室效应对全球经济发展的影响程度将不亚于世界大战和经济大萧条。斯特恩报告提出全球减排政策的三个要素，即通过税收、贸易或法规进行碳定价；支持低碳技术的创新和推广应用；以及消除提高能源效率和其他改变行为方面的障碍。T. 特雷福斯等（2005）探讨了德国在2050年实现在1990年基础上减少GHG（温室效应气体）排放80%的可能性，认为通过采用相关政策措施，经济的强劲增长和GHG排放的减少是可能共同实现的。R. 卡维斯等（2005）将排放变化分解为三个因素：二氧化碳强度、能源效率和经济活动等，指出为实现60%—80%的减排目标，总的能源强度改进速度和二氧化碳强度减少速度必须比前40年的历史变化速度快2—3倍。岛田居二等学者（2006）构建了一种描述城市尺度低碳经济长期发展情景的方法，并将此方法应用到日本滋贺地区。还有许多研究将碳排放表示为碳强度、富裕程度和人口三个因子的乘积。

第二节　国内低碳经济研究情况

近年来，国内学者对低碳经济进行了许多积极深入的研究，取得了一定的学术成果。国家发展和改革委员会能源研究所课题组使用多种能源环境综合政策评价模型方法对我国2050年能源需求暨温室气体排放情景进行了定量分析，并对我国未来碳减排路径进行了分析。魏一鸣等分别对温室气体的碳排放核算和减排政策进行了研究，从能源利用的角度对我国温室气体的排放进行了核算，并通过多种方法分析了影响能源消耗及温室气体排放的因素。王冰妍和张颖等分别利用长期能源替代规划系统（LEAP）模型以城市（上海市）和单个行业（电力和水泥）为研究对象，对不同情境下的能源消费及大气污染物排放量进行了预测。牛文元（2009）、贺庆棠（2009）等认为，低碳经济是绿色生态经济，是低碳产业、低碳技术、低碳生活和低碳发展等经济形态的总称，低碳经济的实质在于提升能源的高效利用、推行区域的清洁发展、促进产品的低碳开发和维持全球的生态平衡。辛章平等认为，低碳城市是低碳经济发展的必然过程，而低碳城市的建设又涉及新能源利用、清洁技术、绿色规划、绿色建筑、绿色消费五个方面。方时姣（2009）指出，低碳经济是经济发展的碳排放量、生态环境代价及社会经济成本最低的经济，是一种能够改善地球生态系统自我调节能力的可持续性很强的经济。庄贵阳（2005）、何建坤（2009）、付允等（2008）认为，低碳经济的核心是能源技术创新和制度创新，在不影响经济和社会发展的前提下，通过技术创新和制度创新，可以尽可能最大限度地减少温室气体排放，从而减缓全球气候变暖，实现经济和社会的清洁发展与可持续发展。金乐琴等（2009）认为低碳经济是一种新的经济发展模式，它与可持续发展观念和资源节约型、环境友好型的要求是一致的，与当前大力推行的节能减排和循环经济也有密切的关系。袁男优（2010）认为，低碳经济是一种以低能耗、低污染、低排放为特点的发展模式，是以应对气候变化、保障能源安全、促进经济社会可持续发展有机结合为目的的规制世界发展格局的新规则。其实质是提高能源利用效率和创建清洁能源结构，发展低碳技术、产品和服务，在确保经济稳定增长的同时消减温室气体的排放量。其核心是能源的高效率和洁净的能源结构，关键是技术创新和制度创新，目标是减缓气候变化和促进人类的可持续发展。

姚良军等（2009）在调查研究中介绍了意大利的低碳经济发展政策，提出了"绿色证书"制度和"白色证书"制度，它们对推动可再生资源的发展与提高企业能源效率方面有积极的作用。郭万达等（2009）认为未来40年是我国发展低碳经济的重要"战略机遇期"，鉴于气候变化的国际外交谈判问题比较复杂，我们应"内外有别"，对外要本着"共同但有区别的责任原则"进行国际谈判，对内则要"抓住机遇，积极主动"地发展低碳经济。潘家华（2010）提出了"转型悖论"：即高碳补贴低碳。认为中国的低碳转型，势在必行，但对于资金和技术相对匮乏的发展中经济体，为了加速低碳转型，中国可能不得不先要经历一个高碳发展的阶段。中国的转型只能通过发展来实现，而不是回到传统的农业社会来实现零碳。如果立即抛弃化石能源而采用成本相对高昂的可再生能源，中国的城市化、工业化进程必将严重滞后、拉长，人们的生活水平难以迅速达到与发达国家可比的质量水平。中国发展可再生能源，既要积极，又要稳妥，宜大力投入研发，但不宜大规模补贴开发利用。尤其是不宜用纳税人的钱补贴个人消费，包括太阳光伏发电补贴。"交叉补贴"不论在理论还是实践上，均是可取的，只是要注意把握"度"的问题。

总体而言，以上研究的对象主要是特定国家，对于一国区域低碳转型的研究尚不多见，针对具有欠发达地区重工业城市特征的低碳转型研究的路径分析方面很缺乏。

第二章

部分国家在低碳转型中的主要行动

第一节 英国、日本和美国推进低碳经济措施简介

英国可以看作低碳经济的先行者和急先锋，从2001年开始，英国成为首个开始征收气候税的国家，并推出了配套的气候税减征措施。2003年，英国首次以政府文件形式正式提出了低碳经济概念，它以能源白皮书的形式宣布到2050年从根本上把英国变成一个低碳经济国家，把发展低碳经济置于国家战略高度。同年，英国政府制定了能源白皮书《我们能源的未来：创建低碳经济》，指出英国未来发展面临三个巨大挑战：环境恶化、本土能源供应量下降以及现有能源基础设施更新。英国副首相普雷斯科特指出，只有通过低碳路径才能实现可持续性目标。之后，2007年7月美国参议院提出了《低碳经济法案》，2007年12月联合国气候变化大会制定了世人关注的应对气候变化的"巴厘岛路线图"。2008年7月G8峰会上八国表示将寻求与《联合国气候变化框架公约》的其他签约方一道共同达成到2050年把全球温室气体排放减少50%的长期目标。2009年7月，英国政府公布了《低碳转型发展规划》白皮书（The UK Low Carbon transition Plan，以下简称《规划》），这是英国第一个为温室气体减排目标立法并发布《2008气候变化法案》后，在应对全球变暖方面采取的又一举措，也是全球首次将二氧化碳量化减排指标进行预算式控制和管理，确定"碳预算"指标，并分解落实到各领域，标志着英国政府正主导经济向低碳转型。在该文件中，提出对温室气体排放目标进行预算式控制和管理，对之前提出的"碳预算"概念进行有效补充，提出到2020年将碳排放量在1990年基础上减少34%，其内容涉及能源、工业、交通和住房等多个方面。"英国低碳转型计划"的核心内容是英国实现低碳转型

的具体措施安排，以期实现2020年碳排放量较2008年减少18%、较1990年减少34%的目标，并提出2050年碳排放量较1990年减少80%的远期计划。转型计划侧重点在于减少碳排放量、保障能源安全、谋求经济机会最大化、保护弱势群体这四方面。计划阐述了具体将要采取的措施，提出了明确的时间表。为了使措施更具有针对性和有效性，围绕产生碳排放的不同主体，按照电力部门、家庭和社区、工作场所和就业、交通系统、农业、土地及废物管理的次序依次列出具体措施。英国呼吁通过2009年12月的哥本哈根大会达成有关协议，以应对当前的气候变化问题，并于2009年6月发布的《通向哥本哈根之路》一文中对具体的实现方式进行了说明。

20世纪70年代初期，面对石油危机带来资源匮乏的实际情况以及产业发展和环境污染的现实矛盾，日本政府加快实施了以产业"绿色化"为核心的产业结构调整。首先，70年代开始，日本从治理恶性通货膨胀入手，调整产业结构，大力开发节能技术，开发新能源，开展"企业能耗瘦身"运动，工业化发展的重点从基础材料型产业向汽车、机械、电子加工等组装型产业转移。其次，在进行产业结构调整的同时，大力开发节能技术、新能源和石油替代技术。日本分别于1974年和1978年提出了"日光计划"和"月光计划"。前者是太阳能、煤能、地热和氢能等新能源开发计划，后者强化对节能技术的研究与开发，提高能源转换效率，回收和利用尚未被利用的能源。政府还鼓励和支持生产厂家通过技术创新的手段，尽量降低家用电器的耗电量。此外，加大治理污染和保护环境力度。虽然60年代日本对环保设备投资的比例很低，但一直保持上升趋势，特别是1973—1976年，平均增速达到14%。在1970年的临时国会上，日本一举通过14部公害与环境相关法律，并在1971年设立了环境厅，统一管理全国的公害治理和环境保护事宜。在国民、企业和政府的共同努力下，20世纪80年代初期，日本工业化过程中遗留下来的环境污染问题基本得到了解决。2007年6月1日，日本内阁讨论了一个新的环境战略，表示要成为21世纪领先的环境保护国家，从技术管理和节能产品上保持领先地位。

在20世纪80年代中后期，美国科学院对这一问题进行了梳理，将气候变化分三个方面进行评估，分别为气候变化的科学基础是否扎实、气候变化的影响有哪些并且如何适应、应对气候变化的社会经济与政策含义是什么，等等。波士顿地区是美国工业革命的摇篮，是最早完成工业化，也是最先发生传统制造业外迁的地区之一。从20世纪20年代开始，波士顿地区的纺织、皮革、服装等制造业部门的企业迁往南部等低成本地区，且愈演愈烈。在此情况下，知识密集的新兴产业部门成为波士顿摆脱困境的重要选择，从那时起该地区就开始了高技术转型的历程。经过多年的发展，20世纪50年代在波士顿的128公路区形成了高技术企业密集的产业区，其知名度仅次于硅谷。波士顿地区的成功转型主要得益于：以麻省理工学院为核心的智力资源优势，波士顿汇聚了哈佛大学、麻省理工学院等世界一流学府。其中，拥有美国最优秀的电子工程系和众多高水平实验室，享有"发明家大学"、"科学家工厂"等诸多美誉的麻省理工学院素有与企业界密切合作、科研与生产相结合的传统。同时，联邦政府资助的军事开支也发挥了重要作用，军事开支对高技术城市的促进作用在波士顿表现尤为突出。除此之外，风险投资在波士顿的高技术产业发展进程中也发挥了举足轻重的作用。事实上，美国第一家主要的风险投资公司正是诞生于波士顿。在美国进步政策研究所2001年大都市区创新指数的排名中，波士顿的风险资本得分名列第四。风险资本的投入为高技术企业的创业提供了极为有利的条件，在波士顿高技术产业的发展热潮中发挥了重要的作用。2007年11月，美国进步中心公布了题为《抓住能源机遇：创建低碳经济》的报告，指出美国已经在与环境和能源有关的关键绿色技术方面丧失了优势，并提出了创建低碳经济的10步计划。

第二节 中国在低碳经济发展上提出的政策要求

中国政府对低碳经济也保持了高度关注：2006年科技部、中国气象局、国家发改委、国家环保总局等六部委局联合发布了我国第一份《气候变化国家评估报告》；2007年6月我国正式发布了《中国应对气候变化国家方案》；并先后制定和修订了《节约能源法》、《可再生能源法》、《循环经济促进法》、《清洁生产促进法》、《森林法》、《草原法》和《民用建筑节能条例》等一系列法律法规。实施并不断完善鼓励节能减排、促进能效、新能源和可再生能源的财税政策措施，加大了应对气候变化的财政资金投入，在推进节能减排、提高效率、优化能源结构、加强能力建设等方面做出了不懈努力。2007年9月，胡锦涛主席在APEC会议上提出了"发展低碳经济，研发低碳能源技术，促进碳吸收技术发展"的战略主张；党的十七大报告中明确提出，把"建设生态文明，基本形成节约能源资源和保护生态环境的产业结构、增长方式、消费模式"，作为实现全面建设小康社会奋斗目标的新要求之一提到全党同志面前，并在报告第五部分"促进国民经济又好又快发展"中，进一步对加强能源资源节约和生态环境保护，增强可持续发展能力提出明确要求、做出具体部署。2008年，胡锦涛主席又在G8峰会、日本"暖春之旅"及国内会议等多种重要场合提倡和肯定了应对气候变化，发展低碳经济。2009年11月26日，中国政府向世界发出碳减排声音，指出到2020年单位国内生产总值二氧化碳排放比2005年下降40%—45%；2010年的中央经济工作会议明确提出明年要"开展低碳经济试点，努力控制温室气体排放"，同时对贷款方面也给出了限制，"严格控制对高耗能、高排放行业和产能过剩行业的贷款"，这直接斩断了高能耗工业企业的资金来源。同年，国务院出台了对包括水泥工业等在内的"抑制部分行业产能过剩和重复建设引导产业健康发展若干意见的通知"的38号文件，对水泥工业等开始产业调整。中共十七届五中全会通过的《关于制定国民经济和社会发展第十二个五年规划的建议》中，明确提出要积极应对气候变化，把大幅降低二氧化碳排放强度作为约束性指标，并提倡低碳消费模式，树立低碳发展理念；在2010年国务院下发的《关于加快培育和发展战略性新兴产业的决定》中，首次将"碳交易"纳入了官方文件遵循试点、示范、推广的改革开放总体指导思想。2010年8月国家发改委决定首先在广东、湖北、辽宁、陕西、云南5省和天津、重庆、杭州、厦门、深圳、贵阳、南昌、保定8市（直辖市）开展低碳试点工作，建设我国低碳发展的先行区和实验区，积累在不同地区推动低碳绿色发展的有益经验，在应对气候变化方面发挥示范作用。从国家的一系列方针、政策可以看出，发展低碳经济是我国顺应时代大趋势的必然选择。

第三章

低碳转型与经济发展方式转变的关系

低碳经济是碳生产力和人文发展均达到一定水平的一种经济形态。经济转型是低碳转型的基础。低碳经济通过技术跨越式发展和制度约束得以实现，表现为能源效率的提高、能源结构的优化以及消费行为的理性。社会转型、文化转型、制度转型等，也是低碳转型的重要方面。没有社会转型、文化转型、制度转型的配合，低碳经济转型是不可能的。总之，低碳转型是一场涉及生产模式、生活方式、价值观念的革命。在内容、性质与特征上与现代化是一致的。社会向低碳转型，是现代化发展到高级阶段的产物，是后工业时代现代化发展的核心内容之一。据此，有学者提出，低碳转型就是在可持续发展理念指导下，采用技术的、行政的、市场的等多种调控手段，减少对高碳能源的消耗，减少温室气体排放，达到经济发展与环境保护共赢的经济发展形态。

经济发展方式，是实现经济发展的方法、手段和模式，包含经济增长和经济结构（产业结构、技术结构、区域结构等）的方式和形态。转变经济发展方式的内涵是，追求经济运行中"质量"的提升和"结构"的优化，创建资源节约型和环境友好型社会。如果进一步从经济社会发展的角度分析，我国经济发展方式转变的根本内涵则是要全面实现"包容性增长"，包括经济、政治、文化、社会、生态等各个方面，经济增长应该是互相协调的。不能单纯地强调经济发展，更不可只单纯地抓生产总值，只有更加全面、均衡地发展，才能使经济的增长和社会的进步、人民生活的改善同步进行。

转变经济发展方式的内涵和外延概括起来包括以下几个方面：从结构调整方面，要加快推进经济结构调整，加快调整国民收入分配结构，加快调整城乡结构和城镇化步伐，加快调整区域经济结构和国土开发空间结构，加快推进产业结构调整，促进三次产业在更高水平上协同发展；从自主创新的角度来，应当加快推进自主创新，紧紧抓住新一轮世界科技革命带来的战略机遇，加快科技成果向现实生产力转化，加快科技体制改革，加快建设创新型科技人才队伍，为加快经济发展方式转变提供强有力的科技支撑；从推进农业发展方式的转变来看，要加快构建粮食安全保障体系，加快构建现代农业产业体系，加快推进农业科技和经营体制创新，大幅提高农业综合生产能力；从生态保护、社会协调、文化培育的角度，应当加快推进生态文明建设，深入实施可持续发展战略，大力推进资源节约型、环境友好型社会建设，推进节能减排，加快发展文化产业，推动整个社会走上生产发展、生活富裕、生态良好的文明发展道路以及加快推进经济社会协调发展；从对外经济发展的角度，应当坚持对外开放的基本国策，坚持互利共赢的开放战略，调整出口贸易结构，加快调整进口贸易结构，加快提高利用外资质量和水平，继续实施"走出去"战略，不断提高开放型经济水平。

第一节 经济发展方式转变包含低碳转型

2007年党的十七大报告提出，加快转变经济发展方式，是关系国民经济全面紧迫而重大的战略任务。经济发展方式是一个不断推进的过程。所谓"转变"，也就是在这一不断推进过程中的阶段性的质变。而这种质变，既有共性，也有各国的个性。李钢（2011）等从国民经济核算体系的角度指出：国民经济核算主要有3种计算方法：生产法、支出法和收入法。另外，由于对生态和环境重视，还引入了包含生态和环境成本的综合环境经济核算体系（如绿色GDP核算）。

经济发展方式转变与经济增长方式转变的一个区别在于，前者特别强调经济发展需要与社会和谐和资源环境保护相协调。因此，各国在经济发展方式转变中纷纷制定政策，加快社会公平建设和实施资源环境保护职责。首先，多数国家和地区在经济转型过程中，特别强调经济发展方式转变与社会格局调整同步进行。同时，大多数国家和地区在转变经济发展方式之前普遍经历了一个较为长期的重工业化过程，能源耗费量较大，对产业持续发展形成了约束瓶颈。由此，各个国家和地区都在经济发展方式转变过程中，特别强调产业发展需要与资源环境保护相协调。曾铮（2011）

通过对一些典型亚洲国家和地区经济发展方式转变经验的总结，得出以下四条基本启示：一是转变经济发展方式，包含经济与社会自然和谐发展；二是经济发展方式转变要坚持市场导向与政府干预相结合；三是经济结构调整是转变经济发展方式的重点方向；四是自主创新是转变经济发展方式的重要支撑。周立群（2011）指出：经济发展方式转变是指经济增长由不可持续性向可持续性转变，由粗放型向集约型转变，由出口拉动型向内需拉动型转变，由结构失衡型向结构均衡型转变，由高碳经济型向低碳经济型转变，由投资拉动型向技术进步型转变，由技术引进型向自主创新型转变，由忽略环境型向环境友好型转变，由"少数人"先富型向"共同富裕"型转变。付允等提出我国实施低碳经济发展模式的政策措施：节能优先，提高能源利用效率；化石能源低碳化，大力发展可再生能源；设立碳基金，激励低碳技术的研究和开发；确立国家碳交易机制，保证各省经济利益和生态利益总和的相对平衡。

第二节 低碳转型是经济结构调整的基本方向

从各国经济发展方式转变经验看，经济结构的调整，特别是产业结构是整个转变过程的重点方向。与此同时，在经济发展方式转变过程中可能出现新的结构性问题，因此需要针对这些问题进行适时调整。从长期来看，经济发展方式转变伴随着经济结构的变化，因此，大部分国家和地区在经济转型过程中特别注重通过经济发展战略转换加快经济结构调整，特别是推进产业结构优化升级。同时，在转型过程中，由于经济结构的变化会导致不同要素拥有者之间分配格局的变化。因此，一些国家在推进经济结构调整的同时，加快了收入分配结构的调整。

曾铮（2011）从发展经济学理论的视角，对产业结构、技术进步与经济发展方式的关系进行了研究，认为经济发展方式是一个包括生产、分配、交换、消费等各个环节在内的经济体系的抽象表述，它外在表现为多种经济结构特征的组合，而技术进步和产业结构优化是这个过程中供给层面极为重要的环节。从发展战略的视角出发，经济发展外化于经济结构的路径可以表述为使用哪种要素组合和技术方式、生产何种产品、生产的空间布局如何以及实现产品的方式怎样，以这一逻辑为主线，可以得到发展战略的要素投入结构、技术结构、产业结构、区域结构和内外结构。经济发展方式的实质在于要素投入的组合方式，它具体表现为形成的基本产业结构，二者之间的关系是由技术结构连接起来的，而三者之间的联系是经济发展方式的主要方面，它基本决定了后面的区域结构和内外结构。从这个意义上来说，加快转变经济发展方式的首要任务是优化和调整产业结构，其中的重要环节是加快技术进步。由此，经济发展方式的主攻方向是以产业结构为核心的经济调整，重要支撑是促进技术进步。产业结构调整是我国经济发展方式转变的主攻方向之一，因此，要从经济发展的均衡性和持续性角度对产业结构存在的问题进行剖析，从而得到我国产业结构优化升级的基本战略。

第四章

低碳经济是武威可持续发展的必然选择

武威位于中国大陆中西部，自古以来，因地理位置的原因，一直是历代中央政权实现对西部边疆地区管理、施政和建立战略防御体系的重要中继地，也是与西藏、新疆、中亚、西亚乃至中东及欧洲开展贸易的重要通道，其政治、经济位置都极为重要。正因为此，千百年来，贸易、战争、屯垦戍边和东西交通，在这一地区造成了人口、物资的频繁流动。发展低碳经济既是顺应国内外经济发展形势，提升武威经济实力的迫切需要，更是改善能源结构和环境质量、加快产业结构优化升级的必然选择。武威在节能减排和循环经济的发展上取得了一定的成效，在此基础上进一步调整产业结构，大力开发新能源，实现由高碳向低碳的转变不仅是立足武威生态环境不断恶化、资源濒临枯竭的现状提出的，而且是对武威经济社会发展的长远规划所做的有益探索。

第一节 资源能源问题突出

武威市内有很多难开发利用的沙漠、戈壁、石山裸地、冰川、沼泽等，从总体上讲，还存在植被覆盖率低，水土流失严重，土地贫瘠，肥力下降，土壤有机质含量低，微量元素短缺，适宜性单一，宜耕性差等问题。[1]

武威全市内水系和大河流少，多年平均自产地表水资源很少，人均水资源占有量更少，不足全国人均的一半。全市太阳辐射每平方米在

---

[1] 于志远：《发展武威生态农业经济》，《新疆师范大学学报》（自然科学版）2004年第2期。

4800—6400卡之间，年日照时数为1700—3300小时，光照充足，太阳能资源丰富，植物的光合生产潜力大。由于降水少，全市年均仅302mm，有些地方仅30mm多，而年蒸发量却在1100mm以上。春季和夏初常出现干旱，没有水利灌溉，农业生产就很难进行。灌溉农业常出现"卡脖子旱"。水是制约武威市农牧业发展的重要因素。[①] 无论居民生活用水、农业灌溉用水、工业生产用水都不同程度地存在缺水问题，特别是民勤、古浪两县的经济社会发展均受到水资源的严重制约。因人为和自然方面的原因，近年来不少地区面临着湖泊干涸，河水断流或流量减少等问题，长期以来，武威农业用水不很科学，采用大水漫灌的形式，浪费严重，工业排放的废物污染水质，使水生态失调，水资源紧张。

武威是全国森林覆盖率最低的地区之一，森林资源少，覆盖率低，分布不均匀，人均不到0.1公顷，森林覆盖率大大低于全国水平。武威天然草地的自然地理条件较差，生态环境脆弱，干旱、荒漠草原就占天然草地的65.4%。这些草地每公顷产草量仅300—750公斤，生产率低。[②] 草原植被在生态功能上的下降，主要由于过载、过牧导致，"三化"现象严重。[③]

武威大多数城市工业属于以能源原材料为主的工业，特别是有色、冶金、电力、石化等支柱产业，都是资源、能源和基础材料消耗的重点行业，经济增长对资源和能源的依赖性较强。加上资源利用效率低下，资源加工利用基本上仍是"资源—产品—废弃物"这种单向的消耗方式，使得武威可持续发展均将受到资源不足的强力制约。在关系国计民生的45种主要矿产资源中，除有色金属等少量几种资源储量相对比较丰富外，其他主要矿产资源后备资源短缺的问题相当突出。[④] 武威全市万元国内生产总值能耗比全国平均水平高出61%，万元工业增加值电耗是全国平均水平的两倍多，万元工业增加值取水量比全国平均水平高出80%。重点资

---

① 于志远：《发展甘肃生态农业经济》，《新疆师范大学学报》（自然科学版）2004年第2期。

② 同上。

③ 南宇：《再造山川秀美的甘肃——甘肃生态环境的保护及可持续发展战略研究》，《发展》2003年第12期。

④ 李淑华：《以循环经济促进甘肃生态化建设》，《西北师大学报》（社会科学版）2008年第4期。

源型城市和矿区都面临着资源日益枯竭的严峻局面,主要矿区矿石资源的服务年限仅为 5—40 年。

另外,武威总体经济发展水平低,其贫困的广度和深度都比较突出,这种贫困被称为"生态环境恶化型"贫困,全市的人居和生产条件比较恶劣,当地生态环境非常脆弱。

第二节　生态环境问题严峻

纵观几百年来武威大地生态环境的变迁历史,除了不可抗拒的气候条件变化外,垦荒造田、战火、毁草、伐林等人为的过度"践踏",加剧了生态环境的恶化。从近几十年的情况看,人为活动特别是农业生产活动是导致生态恶化最主要的因素,涉及面最广,影响最大,危害最重。主要表现在:一是在西部、北部沙漠边缘地带等沙漠戈壁地带和部分草原地区沙漠化现象非常严重;二是城市的废水、废气等城市污染比较严重。

武威的工业以轻工业为主,随着经济的快速发展和人口增多,一方面,工业废水、废气、生活污水排放量逐年增加,对大气、水质、生活空间造成严重的污染,河流水污染加重,城市污染加剧,重工业污染源污染突出。另一方面,机动车尾气严重超标,汽车档次低下,加重了城市的空气污染和噪音污染。根据对中国各省、市、区的水土流失率,森林覆盖率,"三废"排放,CO_2 排放等综合指标分析计算最后按各地生态环境压力指数排序,武威为全国倒数。大气污染是武威城市环境污染的另一重要因素。年耗煤量大,使武威大气污染居于全国城市前列。经有关部门检测,武威市大气污染的类型为煤烟型,其中二氧化硫、氮氧化物、二氧化碳等检测结果的全年日均值超出国家大气环境质量二级标准,特别是二氧化硫的浓度在冬季比夏季高出 30.3%。

武威还是全国水土流失最严重的市之一,北部草原沙化严重,近 2 万公顷草场退化为沙漠化土地。同时,由于矿产资源开发利用,加之采富弃贫的利用方式,造成了一系列环境灾害问题,给生产建设和人民生活带来很大危害。

由此可见,当前和今后较长一段时期,环境问题是武威经济社会可持续发展的瓶颈,排污总量大,环境容量小。同时,随着经济快速发展,全市面临更加严峻的水土流失、荒漠化、盐碱化、草场超载和退化的问题。随着城市机动车辆增长迅速，汽车尾气污染逐年加大，严重影响到生态和人居环境。

第三节　经济结构调整任务紧迫

产业结构明显单一，生态农业和新兴服务业发展不足，尤其是第二产业中重化工业比重大。高耗能、高浪费现象随处可见。随着国家对"两高一低"产品出口限制的进一步加大及取消高耗能行业优惠电价，今后武威市冶金、有色、化工、建材等行业将会面临更大的运行压力。低碳经济的推进能逐步调整武威能源结构，提高清洁能源比重和能源利用效率，改善环境质量，推进环保等相关产业快速发展，促进产业结构调整升级，增强武威发展的持续动力。

第四节　产业集群发展趋缓[①]

从武威产业发展和产业集群的雏形来看，产业集群发展整体缓慢且创新能力弱，优势特色产业主要集中在传统装备制造业领域和第三产业。装备制造业的特点是产业链条长、配套环节多、需要适宜的生产组织方式才能获得很强的竞争力。目前，武威装备制造业的技术水平和产业组织水平都已具有了一定基础。从创新型产业集群所需的科技和人才力量来看，武威已具有了相对优势的科技和人才力量。同时随着武威基础设施建设的不断完善，如交通、通信、网络、水电等基础设施的瓶颈制约因素不断消除，创新型产业集群将成为提升武威竞争力的主要推动力量。

[①] 姚丽娟：《创新型产业集群是提升欠发达区域竞争力的战略选择——以甘肃为例》，《甘肃社会科学》2009 年第 3 期。

第五章

武威低碳经济发展的可行性和优势

低碳经济实质上是能源高效利用、清洁能源开发、追求绿色 GDP，核心是能源技术、减排技术创新和制度创新。武威产业集群和循环经济发展已有一定的基础，在太阳能、风能等新能源方面具有较大优势，通过产业集群不断升级和战略性新兴产业发展，促进产业发展的低碳转型，实现经济发展方式的转变。

第一节 能源资源利用效率提高和生态环境承载力提升

武威市支柱产业通过引进投资，将发展循环经济作为企业振兴发展的突破口。短短几年，通过循环化改造，实现资源的多层次转换利用、生态环境改善和产业升级，探索出资源枯竭型企业通过发展循环经济缓解资源和环境压力的新模式。过去在粗放的生产经营管理模式下，资源的利用与回报不成正比，不仅造成了资源严重浪费和环境污染，也难以推动技术的发展。随着资源和环境双重约束的不断加大，怎样进行技术改造，提高资源利用效率，成了不少企业面临的难题。省党代会报告提出，推进资源节约型和环境友好型社会建设，走出一条具有武威特色的生态文明发展之路，就为企业发展提供了有形之手的引导。这样，一方面，提高了资源利用率；另一方面，则是增强了企业"走出去"的能力，推动企业技术不断进步。经过多年的发展，武威循环经济发展目前取得了阶段性成效，有效促进了能源资源利用效率的提高和生态环境承载力的提升。近两年来武威分批组织实施了节能技术改造、再生资源回收利用、城市污水垃圾处理设施、餐厨垃圾无害化资源利用试点城市、矿产资源综合利用、尾矿库隐患综合治理等多项循环经济示范项目。

第二节 具有武威特色的循环经济发展模式

武威市目前已探索出一批循环经济特色发展模式,包括被列为全国循环经济典型模式的金昌模式、节水型工农业复合的定西模式、园区天水高新农业模式和城市餐厨垃圾资源再生利用的兰州模式。在已形成的循环经济特色发展模式中,金昌模式被国家发改委确定为全国区域循环经济12个典型案例之一。这个模式通过不断延伸有色金属、化工等产业链,构建资源循环利用产业体系,使武威市从依赖单一资源发展不断向多产业共生发展转型。

第六章

武威低碳经济发展的思路和建议

推进经济向低碳经济"转型"是一场全方位的生产方式和消费方式的革命。不仅在工业领域要实现节能减排约束性目标,而且在交通、建筑、城市规划与管理、农业生产、国际贸易、物流服务业、居民生活等各方面,都要体现节能低碳的基本要求。依托武威优势特色产业、绿色产业及传统产业基础,培育低碳产业群,客观上推动武威低碳经济的发展。

第一节 低碳经济发展的战略框架、体系和保障机制[①]

一个区域,一个城市,如何发展低碳经济,需要在科学研究的基础上,编制低碳发展规划。明确低碳发展目标、定位、原则、方向、任务、重点项目、时序等。武威有必要把低碳经济的发展模式纳入发展战略视野,从前瞻、长远和全局的角度,部署低碳经济的发展思路,在产业结构调整、区域布局、技术进步和基础设施建设等方面,为向低碳经济转型创造条件。要制定规划,不断提高社会生产和生活活动的碳生产率:一是将低碳经济纳入武威国民经济和社会发展规划,进行总体安排部署;二是将低碳技术研发纳入武威科技规划和相关科技计划;三是制定专项规划,提出低碳经济的概念、目标、重点和保障措施等,提出低碳经济的统计和考核指标,并作为国民经济规划中的引导指标;四是制定重点行业和部门的低碳发展规划,向低碳转型。进而实现经济活动低碳化,低碳活动企业化,低碳技术创新化,低碳模式制度化,低碳参与公众化,低碳体制社会

[①] 陈柳钦:《低碳经济:一种新的经济发展模式》,《中南林业科技大学学报》(社会科学版)2010年第1期。

化，低碳合作国际化，低碳文明生态化。推动低碳经济发展的重要驱动因素是政策制度的创新和制定，英国、美国、日本、德国、丹麦、芬兰、荷兰等国近几年分别推出了各种低碳经济法案，为发展低碳经济提供了法律保障，武威在此方面也可以借鉴，构建发展低碳经济的法制保障机制。

第二节　大力发展新兴产业，培育低碳高新产业群

产业结构的调整是发展低碳经济的重要途径。在欧洲，以"低碳"、"绿色"为特征的第四次产业革命已经在进行之中，并且是以"信息技术"包括"生物信息工程技术"为代表的以第三次产业革命为基础、为前提的。[①] 发展低碳经济已成为我国经济发展的目标和必然的发展趋势，在低碳经济的条件下武威产业投资方向的选择就变得很重要，如果继续选择发展高能耗的工业为投资方向，显然违背低碳经济这个全球经济发展的大趋势，这种发展也是不可持续的。而选择高新技术产业和第三产业作为重点产业投资方向，倒是一个可行的选择，高新技术产业和第三产业以其极低的能源消耗和强大的产业关联效应能够在低能源消耗的条件下有效地带动武威的经济发展。

发展低碳产业，实现产业结构从高碳向低碳转变，应当也是武威产业结构优化升级的一个重要方向。产业结构调整应侧重发展知识密集型和技术密集型产业，知识密集型和技术密集型产业属于低碳行业，如信息产业的能耗和物耗是十分有限的，对环境的影响也是微乎其微。IT产业是低碳经济中最具发展潜力的产业，不论是硬件还是软件都具有能耗低、污染小的特点。另外，现代服务业也是一个能耗低、污染小、就业容量大的低碳产业体系或产业集群，包括金融、保险、物流、咨询、广告、旅游、新闻、出版、医疗、家政、教育、文化、科学研究、技术服务等。武威在这一领域的发展空间有待进一步拓展，如培育低碳小杂粮产业群、医药产业群、旅游产业群、科研产业群等。深邃悠远的人文资源、绚烂多姿的民俗风情、雄浑博大的自然景观汇成了武威丰厚的生态旅游资源基础。传统旅游业的旅游基础设施和软环境确定了生态旅游的可行性。这使得武威发展

---

① 徐岭：《"哥本哈根归来话低碳经济研讨会"综述》，《教学与研究》2010年第4期。

生态旅游成为必然选择。

武威还可以利用处于西北五省的中心地位大力发展会展业，会展业作为"无烟产业"和朝阳产业，最大的特点在于其强大的产业关联效应，它涉及服务、交通、旅游、广告、餐饮、住宿等部门，会展经济的发展不仅可以培育新兴的产业集群，而且还能直接或间接地通过回顾效应、前项效应和旁侧效应来带动一系列相关产业的发展。据研究，国际上有关会展业的产业带动系数大约为1∶9，这样高的产业关联度使得会展业成为带动城市经济和区域经济发展的新亮点。一次会展活动的举办能够吸引大量的参展商和观众，从而能刺激商品和劳务的消费需求，推动商业服务业的发展。每次大型的会展活动的举办必然会增加举办地区的咨询行业、广告业、印刷业、旅游业等产业的需求，刺激这些行业的发展。同时还要有相配套的交通运输、电讯等基础设施的支持。可见会展业与很多产业都有需求和供给的联系，具有较强的联动性。

在低碳经济条件下，武威在产业投资选择上，可以制定相关政策，来加大对高新技术产业和第三产业的投资力度。如可以通过产业政策、财税政策和金融政策等政策的支持。通过产业政策对那些钢铁产业、造纸产业、石化产业、建材产业、印染产业等高碳产业的行业监管，适当地设置进入壁垒，提高进入门槛，正确地引导资金的流向，向第三产业流入；同时还要为低碳产业的发展提供良好的政策发展环境，并对以新能源为代表的新兴战略性产业发展提供配套政策支持。通过财税政策，对高排放行业征收较高的税率，来规制高碳排放行业的发展，引导高碳排放行业向低碳排放行业转型，同时促进第三产业等低碳产业发展。再通过金融政策，不断创新金融工具来为第三产业服务，对高碳产业提供较高利率的贷款，引导资金合理地流向低碳产业。这些都有助于武威在低碳经济条件下对产业投资选择方向正确引导。

第三节 大力发展生态农业，培育低碳农业产业群

武威处于河西走廊内暖温带半干旱区，河西西部暖温带干旱区，祁连山高寒半干旱区。自然环境复杂多样，自然资源类型相应地多样化。野生动物、野生植物、野生药材等种类多，这是一个十分丰富的基因库，为农

林牧各业的综合发展和形成门类齐全的多种经营提供了条件。① 因此,武威可以降低农业对化石能源的依赖,走有机、生态、高效农业的新路子,通过农业产业化经营,形成低碳农业产业群。

武威生态农业集群发展的基本思路,首先是确立一条融合于市场经济和经济全球化的大环境中,能发挥比较优势和突出武威特点的科学的、实事求是的农业发展战略。第一,要确立草业、草食畜牧业和特色林果业作为农业结构调整的战略突破口,作为农业和农村经济的支柱产业,特别在山区农业布局上,要把山区农业发展建立在草业和草食畜牧业的基础上,退耕还林还草也要牢牢把握这个大方向。第二,要生物措施、工程措施和耕作措施一齐上。生物措施包括天然林保护、退耕还林还草、荒山绿化以及农田林网建设和沙区植树种草治沙。生物措施主要是保护和增加植被,减缓水力和风力对地表的侵蚀。工程措施包括水库、堤坝、小涝池、雨水集流等水利建设和梯田建设。工程措施立足于治理水害和利用水资源。水利建设要坚持"三水齐抓"、大中小并举的方针,特别要把节水作为一项战略性措施来实施,要坚持不懈地抓下去。

从农业发展模式看,在流域之间、土地类型之间、气候区之间不能采用同一发展模式,② 可以考虑绿洲—绿洲荒漠过渡带—荒漠模式,黄土高原水土保持型农业模型,还有农牧业交错带的农业基地和牛羊育肥基地模式;高寒山区的山地垂直轮牧和低山人工草地定居点模式等。不同土地类型、气候类型、植被类型的生态区域,不仅农业的具体发展模式有很大差别,而且具体的发展内容和措施也应有所区别,因而农业和农村具体发展战略定位也是不一样的。绿洲农业以作物的种植为主,适当发展优质棉花和瓜果等经济作物,是高效密集型农业和立体农业,使之成为商品粮生产和加工的基地。绿洲荒漠过渡带是保护绿洲的屏障,在发展草地畜牧业的同时,像民勤一带要特别注意防止沙漠对绿洲的侵蚀,有些盆地的低洼处则应防止土地的次生盐渍化,防止形成沙化和盐渍化的不可逆转之势,破坏生态平衡。绿洲外围的荒漠是绿洲生态环境的主要危害区域,应尽可能避免人的活动,防止荒漠生态系统的退化。在黄土高原水土保持农区,要

---

① 于志远:《发展甘肃生态农业经济》,《新疆师范大学学报》(自然科学版)2004 年第 2 期。

② 同上。

注意提高水分利用率，实施节水、集蓄水型的旱作农业，解决环境脆弱、水土流失的问题，防止土壤的进一步贫瘠和土地沙化，将其恢复为本省的粮仓。比较湿润的陇南山区，应发展为林果业和药材业基地，天祝高寒山区则应进一步发展为本省乃至国家的畜牧产品基地。

从市场角度看，武威发展生态农业，就要面向国内外市场，调整农业和农村的产业结构，把发展市场需要的高产优质高效农业当作重点。[①] 目前，不施化肥、农药的绿色产品已日益受到人们的欢迎，食物品种的多样性要求也日益突出，曾经很不起眼的小杂米粮受到人们的青睐，有不少还成了保健产品，价格更不用说。为搞活农村经济，一定要坚持种养加、农工商、农科教、内外贸结合，抓好农林牧各业的深度和广度，改善生产条件，提高综合生产能力和效益，增强可持续彩色怀念柜台农业的发展。

从科技角度看，武威发展低碳生态农业需要多学科来解决复杂的经济、社会和生态问题。[②] 从总体上讲，全球变化在我国西部将表现为进一步变暖变旱，有时有会出现大暴雨，由此带来荒漠化加剧、水土流失加重、病虫害扩大、生物多样性失调等灾害，加上人为因素而引起的空气、淡水和土壤的污染等，都对低碳农业产生巨大的影响，我们对此应有足够的理论和技术对策。例如，要改变征服自然及无限制地向自然索取，建立人与自然共存永恒的伙伴关系，就有诸如以土地为主的资源监测及管理技术，农业生态工程及基因工程技术体系，荒漠化治理、盐碱改良、防风固沙的综合技术，农业遥感时空监测与模拟预测、信息系统及决策支持系统技术，等等，都是可持续生态农业思想理论和科学技术的保证。没有这些方面的科学理论和科技进步及技术设施的建设，高产优质高效的生态农业最多只能停留在理论上，武威的问题就无法解决。

第四节 提高资源利用效率，培育低碳工业产业群

既要利用资源又要节约资源，是未来武威发展必须面对的一道难题。

---

① 于志远：《发展甘肃生态农业经济》，《新疆师范大学学报》（自然科学版）2004年第2期。

② 同上。

传统工业对化石能源的依赖不可能在短期内改变。低碳工业是建立在低碳或无碳能源基础之上，而新能源的基础设施建构不仅需要巨额资金的投入，还需要有较长的建设周期。因此在注重开发新能源的同时，应该把能源结构的调整与提高能源效率的方法相结合，采用低碳技术、节能技术和减排技术，逐步减少传统工业对化石能源的过度依赖，努力提高现有能源体系的整体效率，遏制化石能源总消耗的增加，限制和淘汰高碳产业和产品，发展低碳产业和产品。同时，政府要制定高碳能源、高碳工业、高碳产品的税收政策，制定鼓励发展低碳工业的优惠政策，使低碳工业成为企业家有利可图的新兴工业领域。

第五节　大力发展风电产业，开发新能源

进入21世纪以来，随着我国工业化进程的快速发展，城镇化建设的推进，我国用电需求逐步加大。根据国家"积极开发风电、优化发展火电、推进核电建设、大力发展可再生能源"的能源开发政策，在电力新能源中，不容置疑的我国今后电源开发的重点将是风电。武威大多数地区的电力需求是分散性的，因此"大机组、大电网、高电压"的供电模式难以有效解决其用电需求，而开发风电这样的分散供电系统，可以较好地满足这些地区经济发展对能源的需求。在各类新能源中，风能发电是武威发展低碳经济的最佳新能源。风能具有总储量大、可以再生、分布广泛、不需运输、对环境没有污染、不破坏生态平衡等诸多特点，风力发电是风能利用的主要形式。作为清洁能源来发展的风电与其他新能源相比具有许多优势：与核电相比，风电的建设周期短，安全性高；与水电相比，其更具开发潜力；与太阳能相比，它的成本较低，更接近传统能源；与常规燃煤、燃油发电方式相比，可减排 CO_2、SO_2、NO_2 及烟尘等污染物（估计风电平均每提供100万千瓦时的电量，便能减少600吨二氧化碳的排放）。风力发电是当前既能获得能源，又能减少二氧化碳排放的最佳途径。风力发电几乎不消耗矿物资源和水资源（润滑油脂除外），因此说风电是清洁能源，是化石能源的最佳替代品。且我国风电场运行管理的技术和经验已经基本掌握，培养一大批风电场设计和施工的技术人才，为风电的大规模开发和利用奠定了良好的基础，有利于我国风电产业的发展。经过多年的

努力，我国并网风电已经开始步入发展新阶段。另外，我国还形成了世界上最大的小风机产业和市场，推动了农村经济建设的开展。值得一提的是，2009年7月25日，温总理在吉林市风电技术有限公司考察时指出：发展可再生能源和清洁能源是世界能源利用的趋势，我国具备发展风电的自然条件、经济条件、研发力量和工业基础，要进一步研究我国能源的布局和比重，制定新的能源发展总体规划，电力总装机容量必须和市场相适应，发电设备要防止产能过剩，要集中力量攻克风电并网的技术难关，保证风电制造业的可持续发展。[①] 目前，风电已经成为欧洲大多数国家的主要新增装机来源。而对武威来说，风能资源非常丰富，开发利用价值很大，在国家政策的扶持下，今后二三十年内，风电有望得到大发展。

大力开发风电新能源产业，不仅与低碳经济的要求不谋而合，同时减轻对石油、天然气等进口的依赖，逐步改善以煤炭为主的能源结构。武威具有发展风电产业的资源优势，且风电产业技术相对成熟，建设周期较短，能产生巨大的经济效益、生态效益和社会效益，客观上将有力地推动武威低碳经济的发展。

第六节　碳汇减碳：植树造林，生物固碳，扩大碳汇[②]

武威要加强生态建设和环境保护，构建西北地区生态安全屏障。武威发展与确保国家生态环境安全、国家能源资源安全、国家边防及区域社会安全等国家战略安全的直接关联性和特殊重要性，决定了武威发展必须放在国家战略层次上来对待，也决定了武威发展必须建立在加快实现工业化、现代化和加快生态文明建设的基础上来建设、来推进，在武威开展生态文明建设综合改革试验十分必要。如：设立东西部产业转移和资源转化合作试验区；开展经济转型试验，加快人口资源转化为人力资本、资源能

---

① 张铭心：《瞩目中国风电产业发展》，《创新科技》2009年第8期。
② 根据《联合国气候变化框架公约》的定义，将"从大气中清除二氧化碳的过程、活动和机制"称为"碳汇"。森林是陆地生态系统的主体。森林植物通过光合作用吸收二氧化碳，放出氧气，把大气中的二氧化碳以生物量的形式固定在植被和土壤中，这个过程和机制实际上就是清除已排放到大气中的二氧化碳。因此，森林具有碳汇功能，而且通过植树造林和森林保护等措施吸收固定二氧化碳，其成本要远低于工业减排。

源通道转化为经济建设走廊、资源经济转化为绿色经济的步伐；开展经济与环境、经济与资源、经济与能源、经济与交通战略优化布局；开展生态经济建设、循环经济发展、少数民族地区发展、贫困地区开发等综合改革试验。

构筑生态屏障，首要任务是加大祁连山冰川和生态系统保护力度。祁连山是整个河西走廊的水源所在，生态安全的命脉所在，一山之失，不仅是千里河西之失，更是一国生态安全之失。启动实施祁连山生态环境保护和建设规划，研究建设祁连山生态补偿试验区，刻不容缓。构筑生态屏障，重要的内容是加快石羊河流域综合治理。小小居延海，惊动中南海；一条石羊河，牵动亿万人。决不让民勤变成第二个罗布泊，决不让敦煌变楼兰，党和国家的决心，坚定了武威人民的信心。以节水防沙为主的三大内陆河综合治理工程的启动，让全国人民看到了绿色的希望。构筑生态屏障，重大项目是实施水源补给区生态恢复与保护。大河之源，牧歌嘹亮。退牧还草、鼠害防治、游牧民定居，国家工程正在帮助民勤寻找一条牧业发展与河源保护共进之路。构筑生态屏障，长久之计是推进黄土高原地区水土流失综合治理。一碗河水半碗沙，半碗泥沙是黄土。继续坚持种草种树，巩固退耕还林成果；稳步实施黄土高原地区综合治理规划，实施一大批水土保持综合治理等重点生态项目，黄土披绿，河水清且涟漪的诗意栖居将会重现。

武威发展低碳经济不仅要从"碳源"上有效的遏制，减少"碳源"的排放，还应该在"碳汇"上下功夫。"碳源"是指产生二氧化碳之源。它既来自自然界，也来自人类生产和生活过程。"碳汇"一般是指从空气中清除二氧化碳的过程、活动、机制，主要是指森林吸收并储存二氧化碳的多少，或者说是森林吸收并储存二氧化碳的能力。有关资料表明，在陆地生态系统中，森林是最大的有机碳库。据政府间气候变化专门委员会（IPCC）估计，陆地生态系统中储存了2.48万亿吨的CO_2，其中1.15万亿吨储存在森林生态系统当中。[1] 另有科学研究表明：森林每生长1立方米的蓄积量，平均能吸收1.83吨二氧化碳，释放1.62吨氧气。陆地森林植被的生长通过光合作用，可以吸收并将二氧化碳固定在森林生物有机体中，每年森林植被净碳吸收量10亿—15亿吨。中国国家林业局副局长祝

---

[1] 张秋根等：《林业低碳经济探讨》，《林业经济》2010年第3期。

列克在哥本哈根会议后的一个新闻发布会上表示，从1980年到2005年，中国通过植树造林、森林经营、控制毁林等工作，减少碳排放累计达51.1亿吨。仅2004年中国森林就净吸收约5亿吨二氧化碳当量，占同期全国温室气体排放量的8%以上。因此，植树造林的功能并不是简单的绿化生态环境，而是成为发展低碳经济的重要组成部分，成为生物固碳、扩大碳汇、减缓温室效应、减少二氧化碳排放最经济和最有效途径之一。森林碳汇是指森林植物吸收大气中的二氧化碳并将其固定在植物或土壤中，从而减少该气体在大气中的浓度。通过光合作用吸收了大气中大量的二氧化碳，减缓了温室效应。与此同时，开发利用林业生物质能是实现林业低碳经济的重要手段。森林植物从种植到最终焚烧的全生命过程中，可实现二氧化碳的投、产平衡，具有"碳中性"特性（二氧化碳的净排量为0），且林业生物质燃烧时单位能量所产生的温室气体量，只有化石能源的1/8左右，是典型的低碳燃料。据统计，我国每年因森林采伐、木材加工等产生的生物质废弃物约1.4亿吨，林木修枝等产生的生物质有1亿吨，树木果实和天然树脂有200余万吨，若能将这些资源的50%开发成能源，可以替代6500万吨的石油能源。因此，要充分开发和利用这些林业生物质能源，推进林业低碳经济发展。森林碳汇交易是目前碳汇项目中的首选项目，[①]也作为一种新的森林生态效益补偿机制，可解决国家现存森林生态补偿融资难、负担重的问题，理顺森林生态补偿的渠道和关系，并可为林业发展创造新的商机和培育新的经济增长点。因此，还要深入开展森林碳汇交易，促进林业低碳经济的发展。

另外，草原也具有固碳作用，草原碳汇同样也具有重要的生态价值和经济价值。中国科学院植物研究所一位院士认为，草原的第一功能就是生态功能，一亩人工草地的生产力相当于10—20亩天然草地。据测算，一亩天然草原固碳能力为0.1吨，相当于减少二氧化碳排放量0.46吨；在发展低碳经济的大背景下，牧业的发展必然受到发展低碳经济这一大环境的影响，今后的发展中摆在我们面前的问题是如何处理好草原在畜牧业中的有效利用与草原保护的关系。武威草场面积占全省总面积的29.39%，是我国重要的畜牧业基地之一。正如全国人大代表、内蒙古呼伦贝尔鄂温克族自治旗旗长色音图所说："我们要以增加草原碳汇为核心，实施草畜

---

① 黄东：《森林碳汇——后京都时代减排的重要途径》，《林业经济》2008年第10期。

平衡，减少对碳库的破坏，恢复植被，提高草原的固碳能力，大力发展人工草地，发展生态畜牧业，加大退牧还草生态补偿力度，兼顾生态效益、经济效益和社会效益。"[1]

湿地的碳汇功能、蓄水功能以及其他生态功能都非常重要。从生态服务价值来看，如果说森林是地球之肺，那么湿地便是地球之肾，生物多样性是地球的免疫系统。

第七节 发挥金融杠杆作用，使经济向低碳化发展转型[2]

低碳转型，需要资金与技术。金融支持体系与经济结构存在的是一种供求关系。金融支持体系是一种供给，经济结构本质是一种需求，经济长期稳定的发展要求金融支持体系必须与由经济结构决定的金融需求相适应。与经济结构相适应的金融支持体系能够有效地配置金融资源，推进经济结构的升级。金融作为现代经济的核心和资源配置枢纽，必须扮演好低碳理念的"践行者"和低碳金融服务的"创新者"两个角色，充分发挥金融杠杆作用，推动武威经济由资源依赖向创新驱动转型，由高碳型增长向低碳化发展转型，最终实现双赢。

一是加大对低碳经济的研究力度。银行业金融机构要准确把握低碳行业的发展前景和路径，尽快制定、完善支持新兴低碳产业发展的信贷政策，以更好地适应国家低碳产业政策，使存量贷款的结构调整、新增融资突破口与国家低碳产业发展方向密切地结合在一起。二是大力支持传统产业调整和振兴。银行业金融机构要立足区域经济发展的实际，正确把握信贷投向，优化信贷结构，向结构调整、自主创新、节能环保、循环经济和重点工程实施信贷倾斜。三是实施"绿色信贷"，限制高耗能产业发展。各金融机构要认真吃透国家宏观调控政策，加强与地方政府的协调配合，及时了解地方产业调控动向，通过调整存量、优化增量，严格控制产能过剩和潜在过剩行业的新增贷款投放，严格限制对小水泥、小焦炭、小炼铁

---

[1] 张智玮、王惠：《浅析低碳经济对我国三大产业的影响》，《北方经贸》2010年第9期。
[2] 康峰：《资源密集地区应提倡低碳转型》，《中国金融》2011年第9期。

等"五小"企业贷款，大力鼓励企业合理兼并重组，以先进产能代替落后产能，更好地支持产业结构调整和经济发展。四是加快碳金融和绿色金融的创新力度。要适应碳金融业务发展，加快开发各类支持低碳经济发展的碳金融衍生工具，逐步开展碳证券、碳期货、碳基金等各种碳金融衍生品的服务创新。五是完善资本市场，发挥资金导向作用。在直接融资方面，要积极创造条件，全力支持符合条件的环保企业或项目发行公司债、短期融资券、中期票据等债务融资工具筹集资金。六是加强对低碳产业的信贷风险防范。由于大部分低碳产业都是新兴产业，部分低碳产业的扶持政策及激励措施的力度还有待明确和加强，部分低碳产业缺乏核心技术研发和持续产业化能力，关键设备、材料和技术对进口依赖强，加之部分低碳产业呈现全国一窝蜂争相上马产能过剩的局面，商业银行应保持一份清醒，科学地评估，审慎判断，合理贷款定价，严把风险关口。

第二篇

武威城镇化与工业化协调发展研究

第一章

引　言

第一节　研究背景及意义

一　研究背景

城镇化与工业化是社会经济发展的两大推动力，两者的协调度将直接影响社会经济发展的速度。随着我国对城镇化重视程度的不断提高，城镇化已然成为我国的国家战略。十八大报告中重点提出了城镇化，明确指出我国要走中国特色城镇化道路，城镇化是当前必须要走的中国特色的发展道路。因此，如何使城镇化与工业化协调发展就变得尤为重要。

一般来说，城市化和工业化是相互促进协调发展的。城市化如能适应工业化的发展要求，则会推动工业化的加速发展；否则，就会反作用于工业化的进程。城镇化和工业化的互动发展，有利于现代化的快速实现，二者在互动过程中，如何协调发展，实现利益的最大化是实现现代化的重要途径，许多发达国家的发展历程和发展经验已经证实了这个结论。

我国幅员辽阔，各地城镇化与工业化发展很不平衡，尤其西北地区更是如此，然而，伴随着西部大开发战略的实施，西北地区在资源、环境、人文底蕴等方面具有强劲的优势，因此对于西北地区的城镇化与工业化协调度问题研究十分必要。以我们武威市为例，通过近十年来的工业化与城镇化发展的数据，揭示武威市城镇化与工业化目前的发展现状和存在问题，通过建立数学测算模型，以准确的数据来说明武威市城镇化与工业化之间是否协调发展，深入研究二者协调发展的影响因素，在此基础上通过建立耦合协调发展的数学预测模型，对今后武威市城镇化与工业化的协调发展的程度进行预测，然后通过深入的分析研究，得出武威市城镇化与工业化协调发展的有效途径，最后制定正确的政策与建议，以实现武威市跨越式发展。

二 研究意义

1. 充分了解武威市城镇化现状、工业化现状以及二者协调性现状,运用科学的数学模型进行两者关系的深入细致的分析,然后提出促进武威市城镇化与工业化协调发展的对策和建议,然后整体推动武威市社会经济健康协调发展。

2. 有利于完善武威市基础设施建设,推进武威市新兴工业化的进一步发展。

第二节 国内外研究综述

一 国外关于城镇化与工业化关系的研究

1954年美国经济学家刘易斯通过研究城镇化与工业化的关系,提出二元经济理论模型。该模型以亚洲经济落后、人口过剩的国家为研究对象,从而得出经济发展过程是工业化带动城市化的过程,其最关键在于资本积累和提高资本形成率。Kojima研究了发展中国家人均GDP和城市化率之间的变动趋势,认为从城市化和工业化的关系来看,拉丁美洲国家的城市化率虽然接近或达到发达国家的水平,但其城市化超前于工业化。城市经济学家巴顿认为,工业化促进了城市化的产生与发展。通过钱纳里的结构变革理论,发现随着一个国家工业化水平的提高,社会经济结构会发生相应的调整。服务业和非农产业占GDP的比重随着工业化水平的提高而上升;服务业和非农产业的就业比重也随着工业化水平的提高而上升。经济结构的转变,导致了农业经济额在GDP中的比重下降,这样便促使农村劳动力向城市大量转移,进而加快了城镇化的进程。

综上所述,国外学者关于城镇化与工业化的相关理论研究,在各国或各地区城镇化与工业化的协调发展中具有重要的理论指导作用,这些理论的研究将作为本文重要的理论基础。

二 国内关于城镇化与工业化关系的研究

我国学者对城镇化与工业化的发展进行了深入的研究,姜爱林通过对城镇化与工业化互动关系理论模型研究，得出城镇化是工业化的空间表现形式。叶裕民等提出了城镇化与工业化互动机制的逻辑模型，揭示了城镇化从非城镇化、弱城镇化的工业化到城镇化与工业化互动良性循环的过程。张燕等运用耦合度分析工业化与城市化的交互耦合关系。罗黎平建立了基于城镇化与工业化微观作用机理的理论研究框架，研究了工业化与城市化协同发展的理论、问题及发展战略。洪明勇通过对世界不同国家发展的实践观察，通过统计分析和定量描述，认为我国的工业化进程更多地表现为工业化进程中的城镇化偏差。刘朋飞建立了城市化子系统和工业化子系统综合评价系统，从整体和部分两个层面去分析影响城市化发展、工业化发展以及两方面协调发展的因素。郭俊华用数据资料分析等方法，在剖析工业化与城市化的现状基础上，得出工业化与城市化之间并不协调，城市化落后于工业化。

以上综述从不同角度研究了城镇化。但是，也仍然存在一些有待进一步研究的问题。比如城镇化与工业化的相互作用、城镇化与工业化的不断演进机制等问题。总之，城镇化的发展模式不是千篇一律的，要根据具体情况进行合理规划。我们要总结国内外城镇化发展过程的经验和教训，根据国情和主体功能区的要求，引导我国城镇化的科学发展。

第三节 研究思路和研究方法

一 研究思路

研究思路遵从以下所展示的步骤：

二 研究方法

本文综合采用了规范与实证研究、定性与定量相结合的方法。具体来说，将采用以下研究方法：

1. 理论分析。运用比较完整的理论和近11年的数据，通过建立数学模型来研究武威市城镇化与工业化协调发展的问题。

2. 实证分析与规范分析相结合。通过实证分析的方法对武威市城镇化与工业化两者之间的协调关系进行研究，提出符合武威市实际的城镇化与工业化两者协调发展的对策措施。

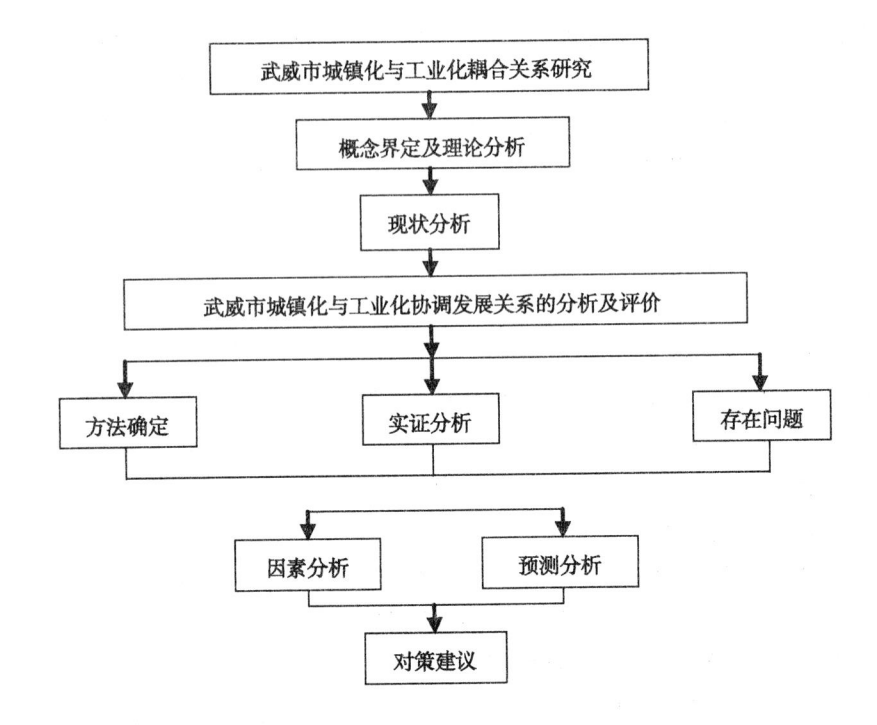

```
┌─────────────────────────────────┐
│  武威市城镇化与工业化耦合关系研究  │
└─────────────────────────────────┘
                │
                ▼
       ┌──────────────────┐
       │  概念界定及理论分析  │
       └──────────────────┘
                │
                ▼
            ┌────────┐
            │ 现状分析 │
            └────────┘
                │
                ▼
┌──────────────────────────────────────┐
│ 武威市城镇化与工业化协调发展关系的分析及评价 │
└──────────────────────────────────────┘
         │        │        │
         ▼        ▼        ▼
    ┌──────┐  ┌──────┐  ┌──────┐
    │方法确定│  │实证分析│  │存在问题│
    └──────┘  └──────┘  └──────┘
              │      │
              ▼      ▼
          ┌──────┐ ┌──────┐
          │因素分析│ │预测分析│
          └──────┘ └──────┘
                │
                ▼
            ┌────────┐
            │ 对策建议 │
            └────────┘
```

第二章

城镇化与工业化的相关内容

第一节 城镇化与工业化的概念

一 城镇化的概念、含义及其相关内容

(一) 城镇化的概念和含义

由于城镇化的发展及其在经济社会生活中的重要性越来越大，城镇化几乎成了各个社会科学的研究对象。关于城镇化的概念和定义，不同的学科有各自不同的解释，因此城镇化的概念和含义也就趋向于多样化和多角度的特点。

人口学所说的城镇化是指人口城镇化，即农村人口逐渐转变为城镇人口的现象和过程。人口城镇化即居住在城镇的人口比重上升的现象。人口由农村向城镇集中有两种方式，一是人口集中场所即城镇数量的增加，二是城镇人口数量的增加。一个城镇的城镇人口数量的增长即人口城镇化有两个途径，一是机械增长，即乡村人口向城镇迁移，二是自然增长，即城镇新出生人口超过死亡人口。

经济学上的城镇化是指各种非农产业发展的经济要素向城镇集聚的过程，它不仅包括农村劳动力向城镇第二、三产业的转移，还包括非农产业投资及其技术、生产能力在城镇的集聚。城镇化是第一产业人口不断减少，第二、三产业人口逐渐增加的过程。

地理学上的城镇化是居民聚落和经济布局的空间区位再分布，并呈现出日益集中化的过程。更具体地讲，第二、三产业在具备特定地理条件的地域空间集聚，并在此基础上形成消费地域，其他经济、生活用地也相应建立，多种经济用地和生活空间用地集聚的过程，就是城镇化过程。

社会学上的城镇化是指人们不断被吸引到城镇中，并被纳入城镇的生

活组织中去，并且意味着随城镇的发展而出现的城镇生活方式的不断强化。路易斯·沃斯所说的城镇生活方式，不仅指有别于农村的日常生活习俗、习惯等，还包括制度、规划和方法等结构方面的内容。美国学者索罗金认为，城镇化是指变农村意识、行为方式和生活方式为城镇意识、行为方式和生活方式的全部过程。

制度经济学认为，近现代城镇是以非农业为基本产业、以组织性的集体劳动为主要劳动形式、以血缘关系为纽带的开放、集中的聚居制度。

综合上述不同学科的观点，可以得出：简而言之，城镇化就是非城镇性状不断转化为城镇性状、城镇性状逐渐强化和扩大的过程。具体地讲，城镇化就是农业人口转化为城镇人口导致人口向城镇集中、农业活动转化为非农业活动导致非农产业发展的经济要素向城镇集聚、农村地域转化为城镇地域导致城镇地域景观不断扩大、农村生活方式转变为城镇生活方式导致城镇生活方式和制度环境不断扩展和强化的过程。因此，城镇化既包括人们看得见的实体的变化过程，也包括较为抽象的精神上的变化过程。前者是直接的城镇化过程，后者是间接的城镇化过程。也有的学者将前者看作是城镇化的量的增加的过程，而将后者看作为城镇化的质的提高的过程。

此外，关于城镇化的概念，一些学者还有一些新的见解、认识和说法：第一，城镇化是居民消费水平和人的整体素质不断提高的过程；第二，在地域城镇化过程中，在已经成为城镇的地域上，一般地域向更繁华地域的转化，例如原来建筑密度较为稀疏的地域，随着交通线路的开辟和商业网点的增多，建筑密度逐渐升高，人流逐渐变得稠密，经济活动更加频繁，就业和经济活动方式日趋多样化等，也是城镇化的一个组成部分，是城镇现代化的表现；第三，城镇化的标志是城镇在社会经济生活中逐渐占据主导地位，城镇在经济上统治着乡村，而进入城镇化以前则是"城镇乡村化"，乡村在经济上统治着城镇。

根据以上关于城镇化的概念，城镇化具有如下4个基本含义：

第一，城镇化是人口向城镇集聚，城镇人口快速增长，城镇人口比重不断提高的过程。在城镇产生以前，人类全部聚居在村落，这个阶段城镇化无从发生和发展。

第二，城镇化是非农产业不断壮大，非农产业发展的经济要素向城镇集中的过程。非农产业并不是一开始就诞生在城镇，在传统的农业社会，手工业者一般都散居于乡村。改革前的社队企业和改革后的乡镇企业也散布于广阔的乡村地区。这都不能算作城镇化。只有非农产业大规模发展,并且不断集中于城镇,才是真正的城镇化。从世界范围来看,产业革命以来的城镇化现象就是伴随着人口向城镇集聚的同时非农产业也向城镇集中分布,产业的城镇化基本上与人口的城镇化是同步的。有的学者甚至认为,人口城镇化是产业向城镇集中的结果,因为人口城镇化是由于城镇中能够提供大量的就业机会和比乡村有更先进的生活条件,而创造就业机会和生活条件的因素在于第二和第三产业在空间上向城镇集中。在工业化过程中,城镇主要吸引工业部门,工业是城镇的主要非农产业;在工业化后期和工业化完成之后,第三产业部门是城镇主要的非农产业(包括近年来所谓的第四产业——信息产业)。

第三,城镇化是城镇生活方式、文化形态、组织形式和制度环境的扩散过程。城镇和农村是两个显然不同的社会地域,两者在居民行为和生活方式、社会文化形态和组织形式、制度环境等方面均有较大的差别。在城镇化过程中,农村社会地域将不断转化为城镇社会地域,城镇各种社会生活的组成因素(包括生活方式、组织形式和制度环境等)都向农村扩散。城镇化的发展具有两种方式,一种是现有城镇规模的扩大,即城镇郊区化和城镇空间扩展;另一种是新城镇的出现,即乡村地区城镇化。这两种方式都伴随着城镇文化形态、生活方式、组织形式和制度环境的扩散。首先,现有城镇规模的扩大会吸引更多的农村人口,这些人口进入城镇后,必定会自觉或不自觉地把自己改造成城镇人口,全面接受城镇文化、生活方式,形成城镇市民的思想意识,在城镇组织形式和制度环境下思想和行事。城镇地域范围的扩展就是城镇地域向农村地域蔓延,被覆盖的农村地域会逐渐具有城镇特征并形成城镇社会组织形式和制度环境安排,城镇社会生活由此得到扩散。其次,大量新城镇出现于经济较发达的农村,这些农村地区也会接受城镇文化、社会价值取向、生活方式等,向城镇社会形态加速发展,城镇社会地域扩大,城镇生活方式、文化形态、制度安排得以扩散。

第四,城镇化是地域性质和景观转化、城镇地域景观不断扩展的空间过程。城镇和乡村有着性质和形态都截然不同的地域景观,因此城镇化最直观的表现就是地域景观的变化。上述三种城镇化进程,即人口集聚、产业结构转换、居民生活方式和制度环境的演变,反映到地域空间上,就表现出景观转变的特征。稠密的人口、非农业的经济活动、组织性更强的社会生活和制度等，是城镇地域的基本特色，这种城镇地域特色在城镇化过程中将不断得到扩展。地域城镇化有两个层次：一是乡村地域转变为城镇地域，表现为城镇向邻近地区蔓延和在乡村地区产生出现新的城镇，二是已有城镇由一般地域转变为城镇性状更为突出的地域，例如建筑物及其质量更加密集和高档，人流更加稠密，就业和经济活动方式更加多元化，等等。

（二）城镇化的表现形式和测度指标

根据城镇化的概念和基本含义，城镇化主要在如下几个方面表现出来，城镇化水平的测度也只能从这些外在表现方面进行。

1. 在城市化过程中一个重要的特征是人口向城市集中，乡村人口不断转化为城市人口，城市人口的比重不断提高。因此，城市人口占总人口的比例，是测度和说明城市化水平及进展情况的一个重要指标。目前，这个指标已经被世界各国政府部门和学术机构所广泛接受，是世界各国使用最广泛和最普遍的指标。这个指标之所以是最主要和最基本的城市化测度指标，其原因是：第一，人口城镇化除了是城镇化的一个重要组成部分外，同时也能在一定程度上体现城镇化其他方面的状况，具有一定程度的代表性和综合性：其一，人口城镇化在一定程度上可以看作是产业城镇化的结果；其二，城镇人口规模与用地规模存在一定的正相关关系；其三，人口城镇化在一定程度上也体现生活条件和生活水平的变化，这些变化又是生活方式变化的主要诱因。第二，人口统计资料丰富而且比较完整，资料数据比较容易得到，使这个指标具有较大的现实性和便利性。第三，人口统计被世界各国所重视，因此，上述第二点不只局限在某一国家或某一地区，而是具有世界性。这样，用这个指标测度城镇化水平及其进展情况，还可以在世界各国进行比较和分析，使其应用价值大增。不过，也有学者对简单地用城镇人口比重表示城镇化水平表示异议，主要因为它只能反映城镇化量的概念，却不能反映城镇化的质，而后者更重要。

2. 城镇地域景观和乡村地域景观截然不同。在城镇化过程中，乡村地域景观将不断转化为城镇地域景观，城镇地域景观得以扩大和强化。地域景观包括了许多方面，其中土地利用的差异是乡村与城镇最为明显的方面之一：乡村的土地利用以农业用地为主，城镇的土地利用以非农业为主。因此，可以用非农用地占土地总面积的比重这个指标来测度和衡量城镇化水平和进展情况。

3. 在城镇化过程中，非农产业发展的经济要素趋于向城镇集中，城镇非产业规模将不断扩大。因此，在理论上可以用城镇非农产业规模占区域经济总量的比重及其变化这个指标，来测度和说明城镇化水平及进展。但是，实际上这个指标并不常用做此目的，原因可能是由于城镇非农产业经济是城镇及其所在区域的主体，所以这个指标常常被用来反映区域经济的发展水平。不过，因为城镇化与区域经济发展水平呈现密切的正相关，经济发展水平较高的国家或地区城镇化水平往往也较高，所以用这个指标测度和说明城镇化应该也是可行的。但是，实际上这个指标并不常用做此目的，原因可能是由于城市非农产业经济是城镇及其所在区域的主体，所以这个指标常常被用来反映区域经济的发展水平。不过，因为城镇化与区域经济发展水平呈现密切的正相关，经济发展水平较高的国家或地区城市化水平往往也较高，所以用这个指标测度和说明城市化应该也是可行的。

4. 城镇与乡村在文化形态、居民生活方式、社会组织形式和制度环境等方面明显不同。城镇化水平的测度也应该在这些方面得到体现，而且这些方面的测度能够反映城镇化质量及其提高的水平和进程，但是遗憾的是，至今还没有找到这样的测度指标。有人建议可以用人均收入这个指标，因为收入水平的高低可以在一定程度上反映居民的生活方式和行为方式。然而，这个指标反映城镇经济发展水平是比较恰当的，用来体现城镇化水平则过于间接，有效性不足。

上述所列 4 个方面只是城镇化的各个侧面，其测度指标也只能体现城镇化水平各个侧面的情况。实际上城镇化的内容和外在表现是多元化和综合性的，城镇化水平的测度指标也应该是能够反映城镇化各个侧面的复合指标，以便于进行综合分析。有些学者在这方面也做过一些努力，但是效果不佳，甚至是行不通。原因是：第一，复合指标由反映各个城市化侧面的多个分指标组成，通过一定方法汇总变为一个综合指标，但是由于各分指标量纲量级不同，根本无法汇总；第二，即使可以采用无量纲化指标或其他一些复杂的数学方法来解决这个问题，但是城镇化的有些内容和表现形式（如生活方式、制度环境等）是不能够直接定量分析的。

（三）城镇化水平的测定方法

为了克服现有统计数据资料的缺陷，得出能够反映实际情况的城镇化水平的数值，一些学者在进行城镇化研究过程中在城镇化测定方法上进行了积极的尝试和摸索，以期能够在这方面取得突破，并对测定方法作了比较详尽的介绍，以便共同切磋。

1. 比较法

这种方法是在采用比较法重新定义城镇人口，并求出人口城镇化水平的测定公式。它分为不涉及流动人口情况下的测定方法和涉及流动人口情况下的测定方法两类。其中前者又包括不分组情况下、分组情况下、不同区域或不同时间点人口城镇化比较方法。城镇化水平的测度不应该仅仅考虑城镇人口的数量，而且要考虑城镇人口与乡村人口、农业人口与非农业人口的经济状况。具体做法是：首先，选取 K 个指标作为代表标准城镇人口的特征值；然后，选取城镇建成区内的非农业人口作为标准城镇人口的样本，并认为他符合城镇人口的全部 K 个方面的特征，分别求出此类人群 K 个量化处理后的特征的平均值，即标准比较特征值（h_{0i}）；然后，以此标准比较特征值来衡量和求出任何一个人 j 的城镇化水平值：$u_j = f(h_i / h_{0i})$ ($i = 1, 2, \ldots, \kappa$)，将这个城镇每一个人的城镇化水平值相加，就是其标准城镇化总人口：$U = \sum_{j=1}^{n} u_j (j = 1, 2, \cdots, n)$，最后得出区域人口城镇化水平值：$PU = U / P \times 100\%$。

我们认为，这个测定方法的基本思路是可取的，但问题的关键是要获取相关资料难度很大，使这个方法的实际应用大打折扣：

第一，在不分组的情况下，城镇化水平根本没法计算，因为在目前条件下不可能获取反映城镇每一个人的多个方面的特征值资料，计算工作量大的问题还不是主要的。而要分组，几乎所有区域城镇只能分为农业人口和非农业人口（其他人口分组例如年龄分组、性别分组等对城市化水平值的计算几乎没有意义），这样的分组显得过于粗略，显然要影响城镇化水平值的测算准确性，因为同是农业人口和同是非农业人口，其城镇化程度是不同的。资料的人口分组越是粗略，通过该方法计算得出的城镇化水平距离实际城镇化水平越远。

第二，每一个区域都包括有市、镇和乡。如果所获资料不能明确区分市、镇和乡，只是简单地将整个区域的人口分为农业人口和非农业人口，用这个方法计算城镇化水平，则计算得出的结果肯定偏大，因为这会将大量远离城镇的农业人口也纳入城镇人口的范畴；如果能够准确区分出研究地区的市、镇和乡，那么计算这个区域的城镇化水平就简单多了，何必又要运用这样复杂的测定方法呢，由于大尺度区域市、镇和乡的相关资料十分不容易获得，因此这个方法只能在小尺度区域例如一个城镇地区运用。

第三，反映标准城镇人口特征指标的选取具有较大的主观性，因而选取的指标能否很好地定义标准城镇人口就存在疑问。加之，如果选取指标的数据资料不可得，则会因迁就可得数据资料使其与实际情况发生第二次偏移。这样下来，很可能人为选定的标准城镇人口的特征不能很好反映真实的城镇人口状况，使城市化水平的测定与实际情况出现较大偏差。

2. "特征比"度量法

这种方法与上面介绍的"比较法"基本原理相同，也是通过选取反映标准城镇人口经济社会方面的特征指标，用多方面的特征比来定义区别于城镇人口的城镇化人口，使最后得出的城镇化总人口变为在不同区域和不同时间可以纵横向比较的数值，只是在具体做法上有所差异。因此，它存在的问题与"比较法"基本相同。这个方法的介绍和运用者在用该方法计算全国各省区标准城镇化水平时，选取了收入非农率、支出购买率和耐用消费品存量3个指标来反映城镇人口特征。但是其中一部分基本数据资料无法取得，只得通过间接估计的办法得到。这样的间接估计值与实际情况有多大的吻合程度，实在没有把握。因此，这种方法仍然在相关数据资料的获取上存在较大问题，使其运用受到很大限制。

3. 比例关系法

有的学者曾分别用市镇非农业人口占市镇人口的比重、城镇流动人口对常住人口的比例、工业化对城镇化的比例作为调整系数，对现有城镇人口的统计口径作过调整尝试，但这些调整系数的理论依据并不充分，没有足够的理由预期这些调整系数在不同的历史时期和制度环境中能够保持相对稳定。其中前两个比例都是变量而不是常量，后者虽然具有一定的稳定性，但是城镇化进程要受到多方面因素的影响，工业化只是其中的一个因素，如果仅以工业化对城镇化的比例作为调整系数，而忽视其他影响因素的作用，则其结果难以准确，这说明以工业化对城镇化的比例作为调整系数存在较大问题。

4. 经济理论法

保罗·贝洛尔认为，城市化进程的差异，60%—70%可由经济发展差异来解释，30%—40%则要归因于其他因素，例如工业化、经济类型等。因此，有的学者提出，在经济类型不变的情况下，如果能够得到中国某一时期的工业化水平和人均收入的数据,就可以通过回归分析,测度这一时期的城镇化水平。如前所述,我国城镇化率的上升与工业产值比重上升的相关性较低,不足以作为主要因素考虑,如果仅以人均收入一个指标去测算,势必准确度不够。尤其应该指出的是,经济发展水平与城镇化水平相适应是一个国家和地区的理想状态,而人均收入这个指标反映的正是一个国家或地区的经济发展水平,用它与城镇化的相关性测度城镇化的水平,可能得出的是城镇化的理想水平,而非实际水平。它不能揭示出城镇化的实际水平是否与理想状态有差距及其相差的程度,这有悖于城市化水平测度和研究的初衷。

5. 恩格尔指数法

这个方法从分工的角度,提供了一个新的分析框架。目前的城镇化研究大多假设城镇化的数量的水平同时反映了它的质量水平,实际上二者是有差异的。将城镇化质量定义为社会分工和专业化水平,而关于城镇化的度量,则有自己的计算公式。根据恩格尔指数(Engerindex)与商品化程度(也就是分工水平)相关的特征,将采用恩格尔指数(即食品消费占全部收入比重)作为测度城镇规模"深度"的系数,把城镇人口定义为人口(P)与恩格尔指数(Enger index)的乘积,即城镇人口 = P × (1—Engerindex),城镇化水平是城镇人口与总人口之比:[P × (1—Enger index)]/P × 100%。这个计算公式的微观含义是每一个人都不是纯粹的"城镇人口"或"非城镇人口",其城镇化程度(即分工的程度)是位于从0到1区间内的一个变化的位置。

这个指标存在的一个重大缺陷就是可能导致研究和分析完全脱离空间的分析,使城镇化成为一个和空间完全无关的概念。为弥补这个缺陷,我们又提出另一个城镇化概念,即将城镇化定义为每一对邻人之间的空间距离,也就是说用人口在空间上的集约程度,取代人口的职业差别来描述社会的发展程度。

这一概念在实践中同样存在着难以克服的问题:一是难以界定统计的范围;二是由于同样的空间距离在发展水平不同的社会可能完全不同,所以在许多情况下,用同样空间尺度度量的城镇化水平可能没有多少横向可比性;三是由于没有历史上相关的统计,也为应用这一概念进行纵向比较研究带来很大困难。因此,更可行的办法似乎是通过两个概念同时进行校核,并且使城镇化研究不是(或主要不是)建立在城镇化的统计之上。

我们认为，这个方法只是提供了一个城镇化测度的新的视角，对开拓人们的思路是有好处的，但是不具有实际应用价值。第一，这一方法提出者本人也承认用"空间距离"这一概念在实践中存在着难以克服的问题，所以就无法用之同前一概念（恩格尔指数）进行"校核"；第二，用恩格尔指数法计算公式来测度全国或某一地区的城镇化水平时，我们会发现测算出来的数值往往偏大很多，与我们感觉到的实际水平相差甚远；第三，这个方法对研究区域内的市、镇、乡地域不做区分，势必会将研究区域内所有乡村人口也纳入城镇化人口（只是乡村人口城镇化程度较低而已）中来，它表示的更接近于区域经济现代化程度，而不是城镇化水平。

6. 直接调整法

在我国的统计资料中，有两套统计数据具有较强的连续性和完整性，一个是非农业人口，一个是城镇总人口。但这两个指标都不能准确反映实际的城镇人口，因而无法直接用其测算城镇化水平。"直接调整法"就是充分利用这两套统计数据连续性和完整性的优势，采用模糊数学的模糊确定法，对区域城镇人口数据进行调整，其调整公式为：

$$AUP_{tij} = UP_{tij} \quad 如果 K_{tij} \geq K \qquad (1)$$

$$AUP_{tij} = NUP_{tij} \quad 如果 K_{tij} < K \qquad (2)$$

式中，t、j、i 分别表示年份、区域和城镇，AUP_{tij} 为调整后的城镇人口，NUP_{tij} 为 t 年份 j 区域 i 城镇辖区内的常住人口，NUP_{tij} 为 t 年份 j 区域 i 城镇辖区内的常住非农业人口，K_{tij} 为 t 年份 j 区域 i 城镇中非农业人口所占的百分比，K 为区域各城镇统一的非农业人口比重的下限指标。

这个方法的可取之处在于：第一，它确定了一个各区域各年份各城镇统一的非农业人口的比例的下限指标，这是城镇人口统计科学性的基础。第二，在城镇人口统计科学性的基础上，充分考虑了各城镇的差异。当城镇非农业人口所占比重超过所规定的非农业人口比重的下限指标时，认为其城镇辖区内的全部人口都为城镇人口，而不再对其进行调整；只有当城镇非农业人口所占比重低于所规定的非农业人口比重的下限指标时，才对其城镇人口进行调整。第三，采用模糊数学的方法，避免了确定城镇实体及其郊区范围等复杂的烦琐工作，而采用模糊数学中的隶属度概念，在不改变现有城镇人口的统计范围的情况下，调整城镇人口，这样既便于区分，也容易掌握。在调整好每个区域每个城镇的城镇人口以后，则 j 区域 t 年份调整后的城镇人口 AUP_{tij} 为：

$$AUP_{tij} = \sum_{i=1}^{I_{tj}} AUP_{tij} = \sum_{K_{tij} \geq K} UP_{tij} + \sum_{K_{tij} < K} \frac{1}{K} \times NUP_{tij} \quad (3)$$

j 区域 t 年份调整后的城镇化水平 AUP_{tij} 为:

$$AUP_{tij} = \frac{AUP_{tj}}{P_{tj}} = \frac{\sum_{K_{tij} \geq K} UP_{tij} + \sum_{K_{tij} \geq K} \frac{1}{K} \times UUP_{tij}}{P_{tj}} \quad (4)$$

确定了上述调整方案后，城镇人口数据的调整问题就转化为城镇非农业人口比重的下限问题。关于城镇非农业人口下限，我国在制定城乡划分标准时，曾经作过具体规定，1955 年规定为 50%，1963 年规定为 70% 和 85%。在执行过程中，实际工作者和理论工作者都认为 1955 年 50% 的指标过低，不能很好地反映城镇的特性，而 1963 年规定的 85% 的指标过高，也不利于城镇的发展。1988 年在北京召开的中国城乡非农业人口划分标准专家研讨会上，与会专家一致建议用 70% 作为城镇非农业人口比重的下限指标。同时指出，这是最低限度的指标，不考虑地区差异，但可根据实际情况，作适当调整。从事城镇工作的各阶层人士普遍认为 70% 的下限指标有一定的合理性：第一，体现了城镇人口中非农业人口的主体地位，真正反映了城镇作为非农业产业的集中地的特征。第二，在强调非农业人口为主体的条件下，允许有一部分合理的农业人口，这部分农业人口虽然没有城镇户口，但他们长期居住在城镇近郊或城乡接合部，他们不仅与城镇居民一样享用城镇基础设施，而且还直接为城镇居民提供服务，参与城镇经济与社会活动，因此统计城镇人口应该将这部分人口计算在内，但上限是 30%。第三，70% 的下限指标与国外许多国家的城乡划分标准接近，例如规定非农业人口在 70% 以上设镇，等等。

通过比较和分析，我们认为，直接调整法集科学合理性、数据资料易得性和计算简便性于一体，更为可取，是一种较好的测定区域城镇化的方法。

二　工业化的概念与工业化道路

（一）工业化的概念

按照发展经济学的理论，工业化一般是指工业（或者制造业、第二产业）在国民收入和劳动人口中所占的比重持续上升的过程。这是一个经济结构不断变化、人均国民收入和包括农业在内的劳动生产率不断提高、由农业经济社会逐步向工业经济社会转变的过程。一般来说，主要根据工业产值在国民生产总值（或国民收入）中份额的大小或工业劳动力在总劳动力中的份额大小来衡量工业化的程度。工业的比重越大，工业化的程度越高。然而，到了发达的工业化阶段，情况会发生变化，除农业的比重会继续有所下降之外，服务业的比重将不断上升，工业的比重将由上引转为下降；主要通过工业产值和就业人数比重提高的快慢来判断工业化速度的快慢，工业比重上升得越快，工业化的速度也就越快；主要按照人均国民收入的多少来确定工业化发展水平的高低，中、低收入国家的工业化是低水平的初、中级工业化，高收入国家的工业化则是高水平的发达的工业化。

（二）工业化道路

工业化道路是对实现工业化的原则、方式和机制的统称。具体来说，工业化道路的选择主要包括以下几个方面的内容：第一，产业的选择，即重点产业和优先发展的产业、产业结构的类型及各种不同产业之间相互关系的确定和调整，比如发展的重点是选择轻工业、劳动密集型产业，还是重工业、资本或技术密集型产业；是牺牲农业去发展工业，还是工、农业协调发展等。第二，技术的选择，即工业发展中技术类型的采用，也就是选择高新技术还是一般适用技术；是多使用劳动力的技术，还是多使用资本的技术。第三，资本来源的选择，即通过什么方式或渠道筹集工业发展的资本，也就是来源于农业剩余的转移、对外掠夺，还是工业自身的积累、引进国外资本等。第四，发动方式的选择，即工业化进程是靠民间发动，还是由政府推动。第五，发展方式的选择，即工业发展是依靠粗放型的增长方式、资源的消耗、环境的污染，还是采用集约型的增长方式、节约资源、保护环境。第六，实现机制的选择，即工业化的任务是通过市场机制的作用去实现，还是由计划机制的作用来完成。第七，城镇化模式的选择，即伴随工业化发展的是适度城镇化、滞后城镇化，还是过度城镇化。第八，国际经济联系的选择，即工业化过程中是实行对外开放、发展外向型经济，还是闭关锁国、发展内向型经济。

不同的社会发展阶段因不同的经济社会制度、不同民族的历史文化传统、资源禀赋、自然条件、比较优势，工业化道路也会不同。西方发达国家在农业经济时代后期所走上的传统工业化道路，已经不适应工业经济时代的要求；传统计划经济条件下的工业化道路，在人类社会向知识经济或信息经济时代迈进的新的历史条件下，更是行不通。因此，后发国家必须不断探索新的工业化道路。

第二节 影响城镇化的因素，城镇化与工业化的关系

一 影响城镇化的主要因素

影响城镇化的主要因素，包括地理环境、人口、工业化道路、经济和社会发展的进度和水准以及产业结构、政策等。其中：地理环境决定了城镇化的终极形态；工业化道路和政府政策决定了城镇化的道路选择；而经济发展水准和产业结构，以及人口状况，则决定了在一定地理空间范围内的城镇化形态和进程。

通常在其他条件大体相当的情况下，国家或地方政府及城建主管部门能否及时提出适宜的城镇化政策，往往成为影响城镇化进程的关键因素。

二 城镇化与工业化的关系

城镇化是由产业结构变动所引起的人口不断由农村向城市转移、城市规模和质量及其在一国经济和社会发展中的地位日益提高的过程。城镇化是人类社会走向现代文明的重要标志，它是工业化的必然产物。在工业化的过程中，人口和社会生产力由农村不断向城镇集中，使城镇的数量和规模不断扩大，城镇人口在社会人口中的比重不断上升。在工业化过程中，从事工业生产活动的企业在地理上向一个或某些地区集中，并由此带动人口从农村向城镇迁移，这是城镇化迅速发展的重要原因。工业在地理上集中的主要原因在于企业寻求聚集经济效益和规模经济效益，而城镇化正是为大工业提供了规模和廉价基础设施服务、市场信息服务和文化生活服务。工业化不断推动着城镇化，而城镇化也反过来推动了工业化。工业化与城镇化应该是相互联系、相互促进的。

工业化是城镇化的主要动力，城镇化是衡量工业化水平的一项重要标志，工农差别、城乡差别和地区差别扩大趋势的扭转或缩小是工业化后期的重要表现。工业化需要集聚状态，只有人类活动集中才会降低工业生产的成本，形成集聚效应。离开了城镇化，工业化的效率就会降低，离开了工业化，城镇化就会失去发展动力；在工业化的中后期，第三产业的地位和作用越来越凸显出来，其就业人数会超过第二产业，对国民经济的贡献

会逐渐大于第二产业,只有城镇化才能促进第三产业的繁荣和发展。

城镇化是工业化的产物,同时又是工业化、现代化的重要载体和推进器。城镇化是由传统的农业社会向现代城镇社会发展的历史过程,是社会经济结构发生根本性变革并获得巨大发展的空间表现。当一个国家或地区充斥着大量农村人口时,现代化只能是一个美丽而遥远的憧憬,纵观世界发达国家发展的历史,无一例外地都经历过农村劳动力向城镇非农产业大规模转移的过程。城镇化道路是世界各国发展的必然趋势。

城镇化与工业化和现代化的关系十分密切,通常是工业化催生并带动城镇化,而城镇化进程的顺利实现,又会反过来在集聚效应、需求带动等方面回报工业化、提升工业化,并带动城镇现代化进程。因此,世界上许多国家的普遍规律是,城镇化与工业化同步推进,甚至于超过工业化的进度。

虽然说城镇化进程和工业化进程的相关性很大,但它们彼此间又有所不同:在工业化进程中,所引发的主要是农民的产业转移,而在城镇化进程中,所引发的则主要是城乡人口地理分布的改变。由一种近似于"面"的散布状态逐渐改变为"点"的聚集,并产生出明显的聚集效益。

工业的发展和布局,具有明显的城镇经济属性。而在工业、城镇发展之中、之后兴起的第三产业,往往表现出比工业发展和布局更加追逐城镇化的强烈特征。这种情况的出现绝非偶然,而是由第三产业的广泛关联性所决定。因为第三产业的发展要求服务对象相对地集中,这些要求只有在集聚效应良好的城镇才能得到满足。而第三产业中的某些部门和行业(如信息产业等),则表现出比普通三产部门和行业更需要高素质的城镇化。

因此,只有当城镇化在数量、质量上都提高到较高的水平,城镇化进程达到较高的层次时,城镇化与工业化、现代化的关系才会协调、适应,并有利于推动现阶段我国完成以工业化、城镇化为主要特征的第一次现代化,随后进入以知识化、信息化为主要特征的第二次现代化。

第三章

武威城镇化与工业化发展现状

第一节 武威城镇化发展现状

一 武威城镇化发展水平分析

城镇化率是衡量城镇化水平的基本指标,其计算有两种方法,一是用城镇人口计算,二是运用非农业人口计算。在本文中用城镇人口占全部人口的比重来计算武威市的城镇化率。查阅相关统计年鉴可知,2012年武威市城镇人口约为56.25万人,占武威市总人口的29.60%。

2002年武威市总人口187.76万人,到2012年年底总人口达190.0万人,11年间共增加了2.24万人,增长率为1.2%。从武威市城镇人口的变动情况来看,2002年武威市城镇人口为29.53万人,2012年武威市城镇人口为56.25万人,增长了90.5%。由以上数据看出武威市城镇人口的增长速度远远高于总人口的增长速度。

武威市城镇化率的变动趋势如图1和表1所示,可以看出,武威市城镇化率随着时间的推移逐年递增,而且城镇化率显著提高。但是武威市城镇化率均远低于同期的甘肃省城镇化率和全国城镇化率。从图1和表1中可以看出,2002—2012年间,武威市城镇化率与全国城镇化率之间的偏差呈现出"先增后减"的发展趋势,偏差值从2002年的19.36%增加到2009年的29.85%,再缩小到2012年的23%;而甘肃省镇化率与全国城镇化率基本保持等幅度的增长趋势。

表1　　　　　　　　武威市城镇化率情况

	2002	2003	2004	2005	2006	2007	2008	2009	2010	2011	2012
武威	15.73%	15.91%	15.75%	16.14%	16.45%	16.87%	16.5%	16.74%	26.16%	28.86%	29.6%

续表

	2002	2003	2004	2005	2006	2007	2008	2009	2010	2011	2012
甘肃	25.96%	27.38%	28.61%	30.02%	31.09%	31.59%	32.15%	32.65%	36.12%	37.15%	38.75%
全国	39.09%	40.53%	41.76%	42.99%	43.9%	44.94%	45.68%	46.59%	49.95%	51.3%	52.6%

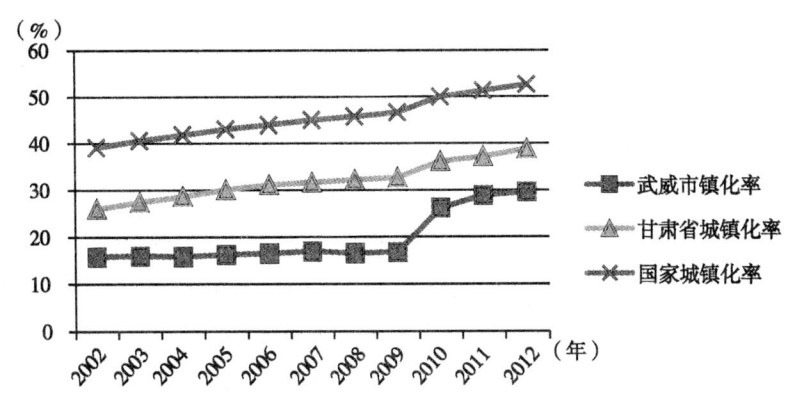

图 1 武威市城镇化率的变动趋势

2012 年，全国城镇化排名前十的城市有深圳市（100%）、克拉玛依市（99.6%）、佛山市（94.1%）、上海市（89.3%）、东莞市（88.5%）、厦门市（88.3%）、中山市（87.8%）、北京市（86.0%）、广州市（83.8%）、天津市（79.5%），位于中部的西安（71%）、西南的成都（60.2%）。将 2012 年武威市城镇化发展水平与甘肃及全国其他省份比较可以发现，武威市城镇化率远低于其他省份，武威市城镇化水平还处于初级阶段。

二 武威城镇化发展存在的问题

（一）武威市城镇化与工业化、第三产业发展不协调

城镇化步伐滞后将阻碍工业化和第三产业的发展壮大，进而阻碍国民经济又好又快发展。2012 年，武威市城镇化率与工业化率的比值为 1.34，而正常的比值应在 1.4—2.5 之间（世界平均水平为 1.95），说明武威市城镇化滞后于工业化，城镇作为凝聚生产要素、实现规模经济的功能还未得到充分体现。2012 年，武威市非农产业就业比与城镇化率比值为 1.81∶1，远大于标准值 1.2，这说明有大量的劳动力仍滞留在农村，城市化发展滞后；全市第三产业比重低于全国 13.1 个百分点、低于全省 8

个百分点，说明武威第三产业发展明显不足，与现代城市发展的要求还有很大的差距。

（二）人口、资源、环境约束趋紧

武威市地处大西北，水资源非常匮乏，2012年全市水资源总量为16.13亿立方米，人均水资源为888立方米，分别低于全国1150.1立方米。人口密度达54人/平方公里，占河西五市人口总数的37.8%。随着城镇化速度加快，人口密度加大，资源稀缺，能源消费和废物排放剧增，人口与资源、环境之间的矛盾愈加尖锐。

（三）就业和社保压力加大

近年来，武威市劳动力总量供过于求的状况日益加剧，城镇就业矛盾日益突出，要保持城镇化较快发展和就业同步增长的难度较大。同时，人口老龄化进程也在不断加快，对全市社会保障特别是养老、医疗保险提出了新的更高的要求。2010年全国第六次人口普查结果表明：武威市60岁以上的老年人口达到20.72万人，比重由2000年第五次全国人口普查时的8.05%上升为11.42%；65岁以上的老年人口达到13.48%万人，比重由2000年第五次人口普查时的4.57%提高到7.43%。两者均已超过国际公认的老年型社会标准。

（四）城市建设供给力不足

人民论坛《城市基础设施建设引资经验及策略研究》表明，每增加一个城市人口，至少需要增加10万元的城市基础设施建设投资。2012年年末，武威市城镇人口为56.25万人，比2010年增加了6.18万人，按照上述研究的规律计算，武威市至少需要增加61.8亿元的基础设施建设投资，如果再加上公共服务投资，资金数量太过庞大。2012年，武威市预算收入为18.35亿元，财政预算支出133.14亿元。2012年年末，城镇基础设施债务余额达46.16亿元，金融机构存款、贷款余额分别为605.07亿元、399.17亿元，存贷款余额之和与GDP之比为2.63∶1，远低于全省3.24∶1的水平。资金投入不足、融资渠道单一已成为制约武威市城镇承载力提升的重要因素之一，这将导致武威市城镇基础设施和公共服务供给能力不足，城市空间布局不合理，居住、产业、公共服务等功能布局不相匹配。

（五）农村转移人口市民化转化的稳定性差

城镇化是伴随着农业人口向城镇非农业转移和集中来实现的。2012

年,武威市户籍人口城镇化率为19.55%,比常住人口城镇化率低10.05个百分点,少的这些人即为城镇化进程中的特殊群体——农民工,这些进入城镇的农民虽然从事非农产业,但大多数无稳定的住所和就业岗位,工资水平低,未能在教育、就业、医疗、养老、保障性住房等方面与城镇人口享受均等的基础公共服务,从而导致返乡率较高。

第二节 武威工业化发展现状

一 武威市工业化发展进程

工业化进程就是要明确现在的工业化处在整个工业化过程的哪个阶段,世界各国的学者对工业化阶段的划分都有不同的见解,但是,目前能够得到大家认可并且运用比较广泛的是钱纳里的"标准模型",其以人均GDP为划分标准,将整个工业化进程从起步时期到成熟时期的变化过程划分为三个阶段,其中工业化时期又划分三个时期,如表2所示。

表2　　　　　　　　　　工业化阶段评判

人均GDP(1970年美元)	工业化阶段	人均GDP(2012年美元)
140—280	初级产品阶段	901.6—1803.2
280—560	工业化初期阶段	1803.2—3606.4
560—1120	工业化中期阶段	3606.4—7212.8
1120—2100	工业化中后期阶段	7212.8—13524
2100—3360	工业化后期阶段	13524—21638.4
3360—5040	发达经济阶段	21638.4—32457.6

第一阶段是初级产品阶段。农业在这一时期占主要地位,工业发展还没有起步,生产力水平很低。

第二阶段是工业化初期阶段。这一时期的产业主要是以劳动密集型产业为主。

第三阶段是工业化中期阶段。重工业的优势开始逐步显现,为社会创造更多的剩余价值,重工业成为工业结构的主导产业,并且第三产业已经开始初步发展,这一时期的产业以资本密集型产业为主。

第四阶段是工业化中后期阶段。这一时期第一产业和第二产业的比重开始下降,第三产业增速加快,所占比重已经超过第一产业和第二产业,成为产业结构的主导力量。

第五阶段是工业化后期阶段。这一阶段高科技发展特别快,技术密集型产业成为整个产业的主导产业,这一时期的主要特征是技术密集型产业的迅速发展。

第六阶段是发达经济阶段。这一时期第三产业特别快并已经发展成熟,产业结构比重达到最优分配,这一阶段的主要特征是知识密集型产业占主导地位。

2013年武威市发展年鉴显示,2012年武威市人均GDP为18759元,当年人民币对美元的平均汇率为6.1622,这样2012年武威市人均GDP为3044.2美元,按照钱纳里对工业化的判别标准,目前武威市仍处于工业化初级阶段。

二 武威工业化现状特点

武威是一个传统的农业地区,地方工业经历了从无到有、从小到大的发展历程。全市立足农业、发展工业,工业经济得到了长足发展,工业经济在国民经济中的主导地位逐步确立,把工业放在经济发展的突出位置,加快推进农业型经济向工业型经济的转变,使工业经济步入了一个新的发展时期,为新世纪走新型工业化道路打下了坚实的基础。

1. 工业规模不断扩大,发展速度不断提高

2012年,武威市工业经济保持了平稳较快增长。从总体来看,武威市工业发展规模逐步扩大。工业企业、大中型工业企业及规模以上工业企业数量逐渐递增,截至2012年年底,武威市共有规模以上工业企业146家,其产值为315.02亿元,完成工业增加值109.07亿元,增长21.1%。其中:规模以上工业增加值88.93亿元,跃居全省第8位,前移1个位次,增长23.6%,列全省第1位。工业增加值占GDP比重由29.7%提高到31.9%。与2002年相比,规模以上工业企业数量只增加2家,工业产值增加288.67亿元。

农副产品加工、食品制造及煤电行业作为支撑工业增长的主要动力,产值增加值增长较快,农副产品加工、食品制造及煤电行业完成增加值61.51亿元,增长28.15%,对规模以上工业的贡献率达到80.45%,拉动

规模以上工业增长 18.99 个百分点。

规模以上工业企业产值增幅较为明显，2012 年约是 2002 年的 12 倍。武威市工业发展呈逐年快速增长的趋势。

2. 产业结构逐年改变，产业发展形成新格局

近年来，武威市三次产业结构比例逐年改变，2002 年三次产业结构比例为 48.3：33.2：18.5，2012 年调整为 24.22：44.04：31.74，第一产业比重逐步降低，第二产业、第三产业比重逐步提高。武威市主导产业主要包括农副产品加工、食品制造、煤电行业三大产业，2012 年这三大主导产业完成工业增加值 61.51 亿元，增长 28.15%，对规模以上工业的贡献率达到 80.45%，拉动规模以上工业增长 18.99 个百分点，主导产业继续保持较强的市场竞争力。新兴产业主要包括新能源、生物技术、新材料等产业，逐步成为武威市经济发展新的增长点。

3. 工业产业布局日趋优化

武威市目前已形成 11 个工业园区。分别是武威工业园区、武威黄羊工业园区、金太阳新能源高新技术集中区、武威新能源装备制造产业园、民勤红沙岗工业集聚区、民勤城东工业集聚区、古浪工业集中区、天祝金强工业集中区、天祝金强工业集中区宽沟工业园、天祝县金强工业集中区水泉上滩工业园、天祝炭山岭能源工业集中区。工业园区涉及新能源、农副产品加工、食品加工、建筑建材、机械制造、小商品生产、商贸物流等产业。形成了以农副产品加工为主，生物化工、酿造、食品、精细化工、纺织、煤炭、医药、建材等产业共同发展的工业体系。特别是以玉米淀粉精深加工为主的生化业和以葡萄酒为主的酿造业已成为工业发展的两大支柱产业，农产品加工制造业占全市工业经济的比重达 70% 以上，在以轻工业为主的工业体系中食品工业的发展已成为左右工业经济发展的主导力量。

4. 工业经济实力逐步增强。全市工业企业投入资金逐步加大，实施了多项技改项目和新建项目，形成了进一步发展的基础，催生和培育了荣华公司、皇台集团、武威啤酒有限公司、莫高酒业、益民公司、古浪鑫淼公司等优势骨干企业。开发了白酒、葡萄酒、味精、熏醋、保健醋、白牦牛肉、玉米淀粉、亚麻纱、石灰氮、双氰胺、麝香壮骨膏等 200 多个种类、2000 多种产品，其中皇台酒等 16 个产品获甘肃省名牌产品称号，云晓熏醋等 3 个产品为陇货精品，白牦牛肉等 7 类产品获国家绿色食品认

证，已成为全市国民经济的主导力量；工业对全市经济的贡献率逐步加大，成为经济增长最主要的推动力量；工业收入成为财政收入的主要来源；工业成为社会就业的重要渠道。

5. 工业企业创新能力逐年提高。围绕增加品种、改进质量、提高效益和可持续发展，大力推进企业技术创新体系建设，积极引进、消化、吸收国内外先进技术，有重点地对传统产业、骨干企业进行技术改造，企业的技术装备水平明显提高，轻工、化工、建材、医药等行业具备了一定的优势和潜力。企业技术创新体系逐步形成，全市重点工业企业建立了技术研发机构，皇台、荣华技术中心被认定为省级企业技术中心。信息技术已初步应用到企业生产经营的相关环节，皇台、荣华、武酒、爱雅、红太阳等企业通过引进国内外先进的技术装备，应用计算机对生产的各个程序进行监控，并开始着手进行计算机辅助设计等。部分企业已建立了自己的网站，积极开展电子商务。

6. 资源节约综合利用水平持续提高。坚持可持续发展的基本国策，工业企业的节能意识、资源节约意识、环保意识不断增强。能源消费结构较以往有了很大的改善，由以煤炭为主向煤、油、电、燃气、太阳能等新能源的利用方向转变。全市工业企业万元工业增加值综合能耗下降到8吨标煤，年均节能率在3%以上，重点高耗能产品水泥、电石、硅铁等的耗煤、耗电水平逐年下降。工业节水工作取得较大进展，轻工、化工等大部分高耗水企业加强了水资源的重复利用，重复利用率提高到25.79%。资源节约综合利用水平持续提高，农副产品深加工过程中产生的废渣大部分作为肥料和饲料，炉渣全部实现了综合利用，煤矸石、化工废渣等的综合利用正在着手进行，全市工业固体废物综合利用率达到48.9%，工业废水处理率达到74.52%。特别是关闭了72户对石羊河流域造成污染的小造纸、小水泥、小冶金等"新五小"、"十五小"企业。通过不断改善管理，推进技术进步，提高资源利用率，减少污染物的产生量，制止低水平重复建设和淘汰落后生产工艺，工业经济的总体质量和竞争力正在逐步提高。

7. 招商引资成效显著，非公有制经济快速增长。市县区加大对外开放力度，加快对外经贸交流与合作，积极参加各种形式的项目洽谈活动，招商引资已成为工业投资的重要渠道。

虽然全市工业得到了迅速发展，但仍面临许多困难和矛盾，主要表现为：一是工业经济总量不足。二是结构性矛盾突出。从产业结构看，二产比重相对较低；从工业内部看，高新技术产业少，知名品牌少，传统产业档次低。三是体制性障碍还没有彻底解决。虽然以产权改革为主的企业改制激活了一批企业，但所占比重较大的骨干企业改制相对滞后，适应市场能力差。四是资金矛盾非常突出。企业流动资金普遍缺乏，技改资金难以足额到位，已成为工业发展的一大瓶颈。五是管理滞后。企业普遍存在管理不严、不善、不科学的问题，特别是信息化管理滞后，制约了经济效益的提高。六是对工业化的认识不到位，对工业的重视程度仍然不够，全市上下还没有形成齐抓工业的合力。七是工业人才缺乏。全市规模以上工业企业中各类专业人员占企业职工总数的11.6%，仅占全市专业技术人员的4.8%。高级经营管理人员更是寥寥无几。八是企业科技投入少，创新能力弱。工业企业精品意识、品牌意识不强，开拓市场和适应市场的能力较弱，工业领先发展的任务相当艰巨。

武威市工业经济虽然保持了较高的发展速度，但传统产业仍是主导产业，呈现出了以农畜产品深加工为主的显著发展特征；工业经济总量小，仍带有浓郁的农业色彩，处于农业经济向工业经济转型的时期，还处于工业化的初始阶段。

第三节　武威走新型工业化道路的劣势与优势

一　劣势分析

1. 武威市地处西部地区，生态环境脆弱，自然条件严酷，人均资源占有量少，特别是水资源严重缺乏。石羊河流域年均水资源总量为11.2亿立方米，人均水资源只有650立方米，约为全省人均的50%，河西地区人均的60%。全市土地面积3.3万平方公里，人均耕地面积2.6亩，比河西其他地市人均少22.2%，各类荒漠化土地达3327亩，占全市土地面积的2/3。

2. 市场经济发育程度不够。市场经济体系还未真正建立起来，自觉运用市场经济规律调节经济运行的意识还不浓，难以适应市场经济的要求。

3. 工业经济高增长下的低效益。武威市工业近年来虽然取得高增长，但工业企业污染治理的历史欠账较多,工业增长中有一部分是通过透支环境指数获得的。企业生产效益较低,特别是一些产品销售不畅,产品资金占用较高。

4. 各县区工业经济发展不平衡。工业经济的重心主要在中心城市凉州区。凉州区、古浪县、民勤县、天祝县规模以上工业的比重分别为78.7%、10.2%、3.96%、7.12%,皇台、荣华、莫高、武啤等龙头企业都集中于凉州区,三县的工业基础较为薄弱,发展不快,县域工业发展严重滞后,企业规模小、档次低、消耗高、污染重、竞争力差等问题十分严重。

5. "三农"问题比较突出。目前武威市农村剩余劳动力比较多,农民人均纯收入较低,居河西地区各市末位。"三农"问题是全面建设小康社会面临的最大难点,也是走新型工业化道路必须解决的首要问题。

二 优势分析

经过多年的发展,武威工业初步显示出一些自身的特色优势,主要表现在以下方面。

1. 农产品加工业初显优势。全市已经形成生化业、酿造业两大支柱产业和食品、化工、建材、纺织、医药、包装印刷等比较优势产业。特别是农产品加工业已成为左右工业经济格局变化的主导力量,占工业经济的比重在70%以上。这是全市工业重要的发展基础,也是今后实施优化升级、做大做强的母体。

2. 深加工原料资源优势。市内光、热、土资源丰富,农畜土特产品分布广、品种多、质量好、总量大,已形成六大农畜产品专业化基地,为发展加工业提供了丰富的原料。这些农畜产品资源,除粮食得到初步加工外,大部分作为初级原料出售,农民增产不增收的问题比较突出。发展农产品加工制造业,可以提高农产品附加值,带动农业产业化。矿产资源蕴藏丰富、品位优良、分布相对集中、储量较大,并处在开采加工初期,钛铁、石墨等资源尚未开发利用,这将是进一步加快开发的优势和潜力所在。

3. 劳动力资源丰富,这是发展劳动密集型产业的一个比较优势,有利于降低发展工业的成本。

4. 有一定的品牌优势。武威市食品工业产品在区域范围内已有一定的知名度，以"三酒—醋—味精"为代表的一批产品已经很好地适应了市场，"闹格尔"牌白牦牛肉等7类产品获得国家绿色食品认证，特别是皇台酒业、荣华实业、莫高酒业和武啤已成功上市，龙头企业和优势产品的带动作用将推动以食品加工制造业为主的工业大发展。

5. 市场需求优势。随着生产力水平和人民生活水平的提高，商品短缺时代已成为历史，人们对食品的质量和品种提出了更高的要求，要求通过食品精细加工获得品质优良、营养安全的食品，武威市的酒类、味精、果蔬制品、面制品等的开发生产适应了这一趋势，发展空间广阔。

6. 良好的政策机遇。"工业强省"和"工业富市"战略的实施已经初步形成了加快工业发展的氛围，大力提升工业化水平明确了今后的发展重点，国家实施西部大开发战略力度的加大、东部发达地区产业的梯度转移，为我们进一步加快工业化进程提供了持续发展的有利环境。

第四节 武威走新型工业化道路的战略研究

一 发展定位

武威是一个传统的农业地区，农业经济在国民经济中一直占有主导地位，工业的发展是以农业为基础的，走的是一条资源型发展的路子。工农业的联系相当紧密，以农产品加工为主的生物化工、酿造、食品、纺织等行业已成为全市工业发展的基础和优势，是武威走新型工业化道路的着力点。面对全国、全省竞相发展的形势，必须紧紧依靠现有的基础和优势，围绕小康建设总体目标，着力解决"三农"问题，以农兴工，以工促农，促进工业经济大发展。因此，今后走新型工业化道路的基本定位是：从全市工业化尚处在起始阶段的实际出发，坚持以农副产品精深加工为主导，大力发展以生物化工、精细化工为重点的高新技术产业，以高新技术和先进适用技术改造和提升酿造、食品、纺织、建材等传统优势产业，加快西部食品工业城建设步伐，内涵外延并举，扩大总量，盘活存量，加大招商引资力度，加快项目建设步伐，争取在未来20年这个战略机遇期内基本实现工业化。

二 发展模式

采取非均衡发展模式,通过政策引导,发挥比较优势,突出区域特色,促进优势产业的规模性聚集,以点带面,点面结合,加快工业经济总量的扩张和工业运行质量、效益的不断提高,带动全市工业化水平的提升。

1. 发展劳动密集型产业与资金技术密集型产业相结合。武威市工业化水平尚处于较低的发展阶段上,丰富的劳动力资源,既是优势,也是加快工业化进程面临的巨大压力,客观上要求在开拓新型工业化道路的基础上发展劳动密集型产业。随着技术的进步,在国民经济的投入要素中,技术因素会替代劳动力因素,成为工业发展的有力支撑。因此,在走新型工业化道路的过程中,必须坚持发展劳动密集型产业与资金技术密集型产业相结合。一方面,应充分发挥劳动力资源丰富而劳动力价格低廉的比较优势,积极扶持发展食品、酿造、纺织等农产品加工为主的劳动密集型产业;另一方面,应大力提升产业结构,争取经济发展的后发优势,顺应工业化和现代化发展对产业资金技术密集程度提高的客观要求,面向国际、国内市场,有针对性地鼓励发展知识技术密集的高新技术产业和资金技术密集的装备制造业等,促进地区工业结构高级化。

2. 高新技术改造和提升传统产业与高新技术产业化相结合。传统产业是武威市工业经济发展的基础,全市工业95%以上属传统产业。传统产业创造了绝大部分的产值、利税和就业机会,在今后相当长时期内仍将是工业经济发展的主体,是促进工业经济增长的基本力量,具有广阔的市场需求和发展前景。没有传统产业的技术进步和产业、产品竞争力的提高,就没有现代化的武威工业,今后一段时期,必须把工业发展集中在传统产业上,集中在用高新技术改造和提升传统产业上,采取技术引进、产学研联合等多种方式,对现有酿造、食品、纺织、建材、化工、机械等行业进行改造和提升,实现标志性目标,使传统产业尽快提高水平,创新和发挥更大效益。但同时应清醒地看到,当前工业化水平相当低,面临着既要完成工业化,又要逐步缩小与全国、全省差距的双重任务,仅仅发展传统产业显然是不够的。必须放宽视野,从全市实际出发,有选择地加快发展生物化工、精细化工、信息技术、现代中药和新材料等高新技术产业,实现局部领域的跨越式发展,以信息化带动工业化,为新时期经济的高速发展提供支撑。

3. 内涵发展与增量调整相结合。武威市工业目前最突出的特征是总量明显不足。近年来低基数上的高增长并没有带来经济总量的迅速扩大，全市工业仍带有农业经济色彩。必须按照走新型工业化道路的要求，大力发展生化业、酿造业及草畜业，走增量调整与内涵挖潜相结合的路子，坚持可持续发展，改变过去不顾资源消耗、环境污染的老路，应用循环经济模式，加强产业链之间的衔接，加大工业投资力度，实施一大批具有显著带动作用的工业项目，培育一批优势骨干企业，带动工业经济的快速发展。

4. 发展城市龙头企业与发展农村特色小企业相结合。随着生产力水平的提高和科技的快速发展，产业发展出现了集群化趋势，经济的发展已从过去的专业市场—农村工业—小城镇的旧三位一体向现代物流工业园区—城市化的新三位一体格局转变，以城市为主导的竞争时代已经来临。武威新型工业化必须顺应这一发展趋势，把招商引资和聚集产业要素同城市化的发展有机结合起来，实施强强联合，组建大企业、大集团，通过龙头企业的培育和发展，提高工业企业的整体竞争实力，促进工业经济的快速增长，实现工业化和城市化的互动发展。考虑到武威市是一个传统的农业地区，农副产品资源丰富，农村剩余劳动力众多，促进农村劳动力的有效转移和提高农民收入也是开拓武威新型工业化道路的必然选择，其主要模式就是依托农产品资源优势，培育和发展一大批各具特色的农村加工制造企业，形成企业、产业集群。农村特色小企业的发展必须同小城镇的建设充分结合，实行区域合理布局，加快资源的优化配置，以农村工业带动农村经济的发展，为解决"三农"问题创出一条新路子。

三 发展思路

坚持内涵外延并举，结构调整与科技进步并重，发挥地方资源优势，大力发展循环经济，抓好以玉米淀粉精深加工为主的生化业和葡萄酒为主的酿造业，提升食品、精细化工、纺织、建材、医药、煤炭、彩印包装七大比较优势产业，建成生物化工、精细化工、酿造、面粉加工、肉奶加工、瓜果蔬菜加工基地，走好龙头带动、科技推动、项目拉动、品牌牵动、多轮驱动、区域联动六条路子。以信息化带动工业化，用高新技术和先进适用技术改造和提升传统产业，推进高新技术产业化，增强企业的核心竞争力。通过实施追赶战略,实现跨越式发展,走出一条快速发展、清洁生产、就业充分、农产品资源高效利用的具有武威特色的新型工业化道路。

四 战略布局

1. 区域工业经济布局。加快西陇海兰新线经济带武威段的开发建设,建设兰新线、312 线、308 线、211 线等沿线经济带,以县域经济为重点,优化县域经济结构,发展各具特色的工业产业,合理布局三县一区工业,突出特色,相互补充。

凉州区以骨干企业为龙头,通过名牌带动技术创新和产品升级换代、战略性改组等途径,进一步提升生物化工、酿造、食品、造纸、医药、建筑建材、农机制造、印刷包装等优势产业的核心竞争力,壮大延伸产业链,形成规模发展优势,逐步形成区域优势产业群。

古浪县围绕石灰石资源,以现有产品的系列深度开发和规模化生产为中心,主攻精细化工、新型建材两大产业,积极开发系列产品,构建化工、建材企业群体格局。

民勤县着力抓好煤炭及石墨资源的开发利用。以特色农产品资源为依托,突出葡萄酒、籽瓜、红枣、棉花加工及草畜产业的发展,争取建成绿色食品加工基地。

天祝县做大做强白牦牛产业,发挥优势,突出高原绿色品牌,加快发展以白牦牛为特色的肉奶制品加工业,以金属、非金属矿产资源开发为主的采掘加工业,以藏酒、藏药为主的藏民族特色产业和以煤炭、水力发电为主的能源工业。

2. 特色产业布局。产业聚集是一种产业发展规律,某些产业在一定范围内的聚集能够促进该地区工业现代化水平,使部分地区率先实现工业化成为可能,而工业园区、工业经济开发区、制造业基地等恰恰为产业聚集提供了平台,因此,结合小城镇建设,大力开发建设工业园区是促进全市工业经济快速发展的有效途径。近期要按照产业发展思路,努力提高优势产业集中度,集中力量建设以生物化工为主的武威城东生态工业园、以食品加工为主的黄羊食品工业城和以精细化工为主的古浪精细化工工业园,同时着力培育民勤东部、天祝华藏及沿交通主干线的各具特色的相对集中的产业聚集区。各类工业园区、专业小区的建设要从各自实际出发,使比较优势更显、技术水平更高、增长速度更快、发展质量更好、可持续发展的步伐更大，培育一批骨干企业。一是坚持规划先行的原则，对工业区进行系统规划，按产业划分功能区。二是要坚持区域特色的原则，充分体现区域特色优势，加快工业企业的聚集和创新，构筑中小企业特别是非公有制工业群，增强工业区的带动辐射功能。三是要坚持政府引导、以企业为主体，发挥企业在工业园区建设中的主体地位，千方百计激活、吸引、开发民间资本向工业领域的转移，广泛吸引中小企业和外资、社会资本共同参与，形成多元化融资、一体化建设的局面。四是坚持市场化原则，按照市场运作方式建设、经营和管理工业园区，引入新机制，创造高效益。五是坚持合理布局的原则，新上工业项目一律进入工业园区，现有分散的企业逐步向园区集中。凡进入园区的工业企业必须按产业分类进入各自的规划功能区。六是坚持可持续发展的原则，决不走"先污染、后治理"的老路，把园区建成清洁文明生产的样板。

五　发展重点

1. 以产业结构调整为重点，发展优势产业。围绕发展特色工业经济，大力调整产业结构，拉长产业链，培育壮大龙头企业，做大做强优势产业，不断开辟新领域，为工业经济快速发展提供强有力的支撑。

突出发展两大支柱产业。以葡萄酒为主的酿造业和以玉米淀粉精深加工为主的生化业。酿造业重点主攻葡萄酒、扩大啤酒、稳定白酒和发展熏醋。生化业重点延伸玉米淀粉精深加工产业链，提高附加值和科技含量，发展淀粉糖、淀粉酶等生化制品系列产品。

重点提升七大比较优势产业。以面、肉、奶、果蔬深加工为主的食品工业打好绿色牌，重点发展面粉加工业、果蔬加工业和以白牦牛为特色的草畜加工业，努力培育成一个新的支柱产业；以干法水泥和新型建材为主的建材业打好调整牌，重点发展干法水泥、环保建材、新型墙材、建筑陶瓷；以中、藏药为主的医药产业打好发展牌，重点发展中、藏药材种植，积极推行医药企业 GMP 达标改造，开发新型中药，培育新的经济增长点；以石灰石深加工为主的精细化工业打好延伸牌，重点发展硝酸胍、碳酸胍等石灰石深加工高附加值化工产品，建成精细化工生产基地；以亚麻湿纺为主的纺织业打好升级牌，重点开发亚麻面料、亚麻服装等终端产品，扩大出口，发展比较优势的外向型企业；以彩色印刷、包装为主的新型包装业打好协作牌，重点培育发展彩印、包装企业，为现有企业提供高质量的包装彩印配套，提升特色优势产品的档次和水平；以矿产业开采加工为主的煤炭业打好开发牌，重点实施高产高效矿井改造、煤炭洗选及矿产品深加工等，推行煤电一体化经营。

不断培育新产业。充分利用两个市场、两种资源，筛选投资大、效益好、对推进全市工业发展有影响的高科技新领域项目，做好可行性论证，加大招商引资力度，加快建设步伐，不断培育全市工业新的增长点。从全市实际出发，有选择地加快发展信息技术、生物工程、现代中药和新材料等高新技术产业，实现局部领域的跨越式发展，以信息化带动工业化。

2. 以食品工业为切入点，建设中国西部食品工业城。立足于以食品加工制造业为主导的发展实际，把发展食品工业作为加快工业化进程的切入点，依托黄羊食品工业城、皇台酿造工业区等产业聚集区，在食品系列深加工方面下功夫，把武威建设成为中国西部食品工业城。一是以龙头企业为支撑，把武威建设成西部最大的玉米加工基地。二是以优质酿酒葡萄为依托，把武威建设成西部最重要的酿造基地。三是以现有面粉加工企业为基础，把武威建设成西部最大的优质面粉加工基地。要重点抓好小企业的资源整合，着力扶持红太阳、金三角等优势企业扩大规模，向集团化方向发展，争取上市，募集更多资金。鼓励引导企业向科技要效益，在深加工上做文章，拓展加工领域，延伸加工链，向面粉加工的深度进军。加快生产要素的聚集，建设集绿色食品生产、加工、储藏、运输一体化的面业加工基地。四是以天祝白牦牛为品牌，把武威建设成西部重要的特色肉类加工基地。要鼓励承包和租赁经营、联户经营、股份合作经营等多种形式参与发展草畜产业。围绕草畜产业，发展肉、奶加工企业，创出肉、奶加工品牌，形成新的经济增长点。五是以发展绿色食品为目标，把武威建设成西部重要的瓜果蔬菜生产加工基地。武威市在特殊的光、热、水、土条件下，生产的瓜果、蔬菜品质优秀，在市场上成为抢手货。要以日光温室生产基地为基础，以绿色无公害食品生产为依托，以产品营销为龙头，以加工、储藏为增值链，形成生产、储藏、加工、运输、销售一体化的产业发展格局。

3. 促进企业组织结构调整，支持培育龙头企业。按照扶优要强、放小要活、重组要新、培植要精的总体要求，根据市场经济规则和全市工业发展现状，对国有工业企业进行重构性组合，使其发生质的变化，做强优势企业，放活小企业。做大做强一批，重点以优势企业和优势产品为龙头，培育一批技术先进、主业突出、核心竞争力强的骨干企业和企业集团。搞精搞专一批，支持初具规模、发展潜力较大、生产经营较好、特色比较突出、有比较优势的成长型企业，向"专、精、特、新"方向发展。放开搞活一批，因企施治，放小和扶小相结合，对中小企业全面放开。破产重组一批，建立企业退出市场通道，对严重资不抵债、扭亏无望的企业，坚决实施破产重组；对产品质量低劣、浪费资源、污染环境、不具备安全生产条件的企业坚决关闭退出。通过调整，形成产业适度集中，以大企业为骨干，中小企业相配套，大中小企业协调发展的格局，提高生产的社会化水平。

4. 以信息化带动工业化，以工业化促进信息化。发达国家是在工业化的基础上进入信息化发展阶段的，当今世界信息技术飞速发展，因其具有强大的渗透力和带动力，已成为引领经济发展的核心技术，在各个领域得到了普遍应用，极大地提高了劳动生产率，降低了资源消耗和生产成本，减少了环境污染，已经成为社会生产力和人类文明进步的新的强大动力。我国现在处于工业化的中级阶段，而武威市工业化水平远远落后于全国，要想赶上全省、全国水平，乃至缩小与发达国家的差距，走传统的先工业化后信息化的路子，显然是行不通的，我们面临着工业化和信息化的双重任务。而今信息技术的发展也极大地拓展和丰富了工业化的内涵，为高起点加速推进工业化提供了可能，信息化和工业化的结合已成为我们走新型工业化道路的必然选择，我们必须充分发挥信息化在工业化、现代化中的"倍增器"和"催化剂"作用，重视信息技术在工业全过程中的应用，以信息技术促进生产力跨越式发展。同时也应当看到，信息化是工业化发展到一定阶段的产物，信息基础设施建设、信息技术研究和开发等都是以工业化的成果为基础的，所以，信息化的应用应因地制宜，和经济发展水平、资金、技术、人才等相结合，逐步发展。一是要高度重视和大力推进信息化建设，真正把信息化摆到现代化建设的重要位置上，作为一件大事来抓。二是推进信息技术在加工制造领域的应用，通过微电子、计算机、网络技术等的应用，推动传统产业研究开发和设计水平的提高以及工艺技术的变革，分阶段在企业中推广计算机辅助设计、制造、检测等信息技术。三是加速推进企业管理信息化，鼓励实施企业资源计划、供应链管理、客户资源管理等先进管理技术，实现企业人力、财力、物力和技术资源的优化和管理制度的创新，确保对市场的快速反应。四是发展电子政务和电子商务，加快实施政府上网工程，引导企业与政府信息网络的连接，行政事务逐步过渡到通过信息网络进行规范化运作，提高政府工作效率和透明度。大力推进企业上网工程，推动电子商务的发展。

5. 采取循环经济模式，促进经济可持续发展。经济的发展离不开资源、资金、劳动力等因素的投入，更离不开环境因素的支持，因此，采用循环经济模式，推进资源利用方式从粗放向集约转变，促进经济与资源、环境的协调发展是武威经济发展的重大而现实的历史性任务。一是提高工业用水效率，建立节水型工业。根据武威干旱缺水的实际和加快工业化进程的需要，合理调整产业结构和工业布局，支持应用节水型工艺技术设备和发展高新技术产业，严格限制新上高取水项目。淘汰用水效率低、水污染严重的工艺和设备，加强工业废水综合利用，重点抓好纺织、造纸、冶金等高耗水行业的节水工作，积极在全市工业企业中开展创建节水型企业活动。二是推动节能降耗和资源综合利用。坚决淘汰违反国家法律法规、生产方式落后、产品质量低劣、环境污染严重、原材料和能源消耗高的落后生产能力、工艺和产品，继续关闭和淘汰污染严重的小冶金、小化肥、小造纸、小白酒等"十五小"企业。坚决制止钢铁、煤炭、化工、建材、轻工等行业存在的低水平重复建设现象，促进产业整体实力的提高。促进能源结构优化，加快企业节能和资源综合利用技术改造，积极发展燃料乙醇、洗净煤、节电、余热余压回收等，加快"三废"综合利用。三是大力推行清洁生产。清洁生产是工业污染防治的最佳模式，是可持续发展的必由之路，其核心是预防污染从源头抓起，通过不断改善管理，推进技术进步，最终实现工业企业的"零排放"，达到经济效益与环境效益统一。全市工业企业污染特别是水污染的严重现实要求我们必须加快清洁生产步伐，根据《清洁生产促进法》的要求，树立清洁生产理念，依法推进清洁生产。将清洁生产纳入经济管理活动中，通过行之有效的政策倾斜、技术开发、信息咨询、清洁生产宣传和培训、清洁生产队伍建设等措施，引导企业将清洁生产纳入到日常经营战略之中。作为全市工业污染防治工作的重点，企业在固定资产投资过程中应当对原料使用、资源消耗、资源综合利用及污染物产生与处置等进行分析论证，采用清洁能源、清洁原材料，应用资源利用率高、污染物产生量少的清洁生产工艺和设备，对生产过程中产生的废物、废水和余热进行综合利用或循环使用。广泛采用节能降耗、综合利用新技术改造传统产业，推广应用清洁生产技术，实行污染治理全过程控制，尽最大可能减少乃至消除生产过程中污染物的产生，做到增产不增污或增产减污。近期首先选择皇台、荣华、莫高、武啤等重点企业为清洁生产示范企业，争取重点工业企业实现清洁生产。发展绿色产品、有机食品，进一步提高武威市工业企业环境管理水平。四是积极发展环保产业，重点开发污染治理技术，发展污染防治装备制造业，培育新的经济增长点，促进全市循环经济发展。

6. 致力于解决"三农"问题，突出农村特色经济。"三农"问题是全面建设小康社会的重点和难点，作为与农业关联度较高的工业，围绕"三农"问题推进新型工业化进程是今后工作的重点，必须研究探索出一条以农兴工，以工促农的新型工业化路子来。一是要加快农业经济结构调整，运用现代科技加快传统农业向现代农业转变，改善粮经饲结构和农林牧结构，大力发展酿造葡萄为主的林果业、玉米淀粉原料为主的种植业、饲草食畜为主的畜牧业，继续优化建设加工型玉米、商品蔬菜、优质瓜类、酿造葡萄、种子和畜产品等农业产业化基地，为工业生产提供优质丰富的原料。二是采用公司+基地+农户的方式，促进农业产业化。以现有的荣华公司、皇台集团、莫高酒业等龙头企业为依托，强化加工营销，拉长产业链，按照产业化经营的要求，建立企业和农户的利益联结机制，提高农业比较效益，解决农民"卖难"问题和种植结构调整问题，增加农民收入。三是以武威市区为中心，三县县城为纽带，建制镇为重点，加大小城镇基础设施建设，推进城市化进程，使农业产业化、乡镇企业、小城镇建设互为一体，集约发展，聚合运行，引导农业人口向非农化方向发展，推动城乡经济一体化。四是加快农村特色经济和农村加工业的发展。依托小城镇集中发展优势，促进大型龙头企业向农村的延伸，大力发展各具特色的农村初级加工业，引导农民向二、三产业转移。五是加快农村剩余劳动力的有序转移。除引导发展二、三产业外，加大劳动力的输出，使其在取得收入的基础上扩大视野，强化发展意识，掌握一定的技术后回家乡参与本地经济发展。六是大力开拓农村市场，强化农村商品经济意识。

7. 扩大出口创汇，发展外向型经济。一是要建设一批出口创汇型工业项目，积极开发科技含量高的出口创汇产品，建立农产品精深加工出口创汇基地。二是要培育外向型龙头企业，立足本地实际，加快发展荣华公司等现有创汇企业，使其做大做强，发挥出口创汇效益。三是要扩大对外经济技术交流与合作，坚持走出去，引进来，引进先进的管理理念和资金、技术、人才等工业生产要素。四是加大招商引资力度。以优势资源、优势项目、优惠政策吸引市外资金参与武威市工业项目建设，特别是有针对性地引进全国和世界知名企业、知名品牌，使工业经济更多地融入大型企业的产业链延伸和发展格局当中。

六　政策措施

1. 推进以产权改革为核心的体制创新。取消一切限制企业和社会投资的不合理规定，在市场准入、土地使用、信贷、税收等各方面对不同所有制企业实行同等待遇。国有优势重点骨干工业企业按照主业与辅业分离、优良资产与不良资产分离、企业职能与社会职能分离的要求，通过整合、重组，发展混合经济，实现股权多元化，建立权责统一、运转协调、有效制衡的法人治理结构。已改制的中小工业企业在不断巩固、完善改制成果的基础上，坚持活中求进，提高管理水平。民营工业企业不断增强和发挥机制灵活的优势，在管理科学化和规范化上狠下功夫，提高整体素质，有实力的企业要逐步向现代企业制度迈进。乡镇工业企业结合二次创业，深化产权制度改革，鼓励有条件的企业进行内外合资、上市融资等多种形式的重组，再创机制优势，永葆发展活力。把发展非公有制工业经济作为重点，按照思想上放心放胆、工作上放手放开、政策上放宽放活的原则，进一步创新思路，拓宽领域，多渠道、多层次发展非公有制工业经济。引导非公有制工业提高产业集中度和关联度，根据市场化标准，向规模化和科技化发展，提高非公有制工业的总量和质量，实现管理上水平，产品上档次，效益上台阶。

2. 推进以企业为主体的技术创新。一是加大企业技术创新力度。重点企业都要建立和完善研发机构，引进和开发并举，积极开展与科研院所的全方位、多层次的技术交流与合作，推进产、学、研联合开发，提高企业的核心竞争力。二是继续加大企业技术改造的力度。坚持以高新技术、先进适用技术改造和提升传统产业。对企业自筹资金建设项目，进行合理的产业政策引导，做好项目前期工作，加大督察、协调和服务力度，确保如期建成投产，发挥效益。鼓励企业进行以技术革新、技术发明、技术攻关为主的群众性创新活动，以较小的投入实现产品质量和效益的提高。三是积极培育高新技术产业。集中目标，重点支持生物技术、新能源领域的开发研究及节能、环保产业的发展，培育一批增长潜力大、经济效益好的高科技产业群，提升工业整体科技水平。四是打造精品名品。积极采用国际标准和国内领先标准，实施品牌战略，加快新产品研制开发步伐，推进产品升级换代，精心打造消费者认可、市场占有率高的精品名品。要加大科技投入，提高质量，广泛宣传，使其真正成为国内外市场上叫得响的名品。

3. 推进以管理信息化为手段的管理创新。在继续强化企业基础管理的同时，把继承传统有效的管理经验和创新有机结合起来，积极采用现代管理理念、管理技术、管理方法和管理手段，实现管理创新，突出抓好四大管理。一是加强营销管理。确立营销管理的龙头地位，掌握市场规律，明确市场定位，创新营销机制，健全营销网络，提高产品的市场占有率。二是加强质量管理。树立质量是企业生命的理念，实行全面质量管理，建立质量保证体系。实施质量兴企、品牌立企战略，指导企业以质量为龙脊，健全企业全面质量管理网络，建树三根支柱：增强职工质量意识，维护产品信誉，加强监测手段。努力提高品牌意识，集中精力，精心打造精品名品，创出一批市场公认的品牌产品，走向省外，走出国门。三是加强成本管理。不断学习、借鉴邯钢倒推成本和亚星集团比质比价采购经验，实行目标成本管理，最大限度地降低产品成本。四是加强资金管理。推行全面预算管理制度，强化资金监控，加大清仓利库和清收欠款力度，切实减少应收账款和产成品占用，盘活资金存量，加快资金周转，提高资金运营效率。

积极推广应用信息技术，围绕工业结构调整，切实转变"先工业化、后信息化"的观念，实施"企业上网"工程，推进以生产过程自动化、主导产品标准化、经营管理系统化为主要内容的企业信息化进程。通过促进信息产品与传统产品的融合和信息技术在新产品中的应用，提高产品的信息技术附加值。推进设计、研发、生产、营销、采购、结算等环节的流程再造，以信息化促进管理上台阶、上水平。

4. 推进以开拓市场为中心的营销制度创新。加强产品市场战略研究，把市场开拓作为企业经营管理的出发点和落脚点，面向国内外市场，确定适应市场经济的营销策略和营销战略。研究自身产品在同类产品中的工艺水平、质量状况和目标消费群体，选准、论证目标市场，确定产品市场定位，周密策划，集中力量加大广告宣传攻势，巩固现有市场，开辟新兴市场，挖掘潜在市场。挑选懂业务、有攻关能力的优秀人才充实到营销的主战场。落实营销责任制，营销人员的收入与营销业绩相挂钩，对营销业绩十分突出的人员，要将其贡献大小量化成股权参与企业利润分配，充分调动其积极性。搞好产品售后跟踪服务，以优质高效的服务，赢得用户，占领市场。

5. 推进以政府宏观调控为主的管理模式创新。走新型工业化道路，建设中国西部食品工业城。发展工业经济，固然需要发挥市场配置资源的基础性作用，而政府的宏观调控也是必不可少的，这就体现在政策创新上，必须综合运用经济的、法律的和必要的行政手段，发挥经济杠杆的作用，为加快工业化进程提供政策引导和支持。一是要根据工业经济发展的实际，明确产业投资方向和发展重点，定期或不定期制定并发布本区域重点鼓励发展的产业方向，为工业投资特别是民间资本投资工业领域起到指导作用。二是要认真落实国家和省上制定的有关优惠政策，包括西部大开发、资源节约与综合利用、企业技术创新等方面的税收优惠，使这些政策真正发挥导向作用。三是要加大工业发展基金的投入力度，明确支持重点，做到有的放矢，有效引导金融资本和民间资本。四是要大力支持非公有制工业企业和项目建设，在市场准入、土地使用、信贷、税收等方面提供优惠支持，使非公有制企业在工业经济特别是农副产品深加工、建设食品工业城等方面发挥重要作用。五是要加大整顿、规范和培育市场，推进统一、公平竞争、规范有序的市场体系建设，立足于食品工业为主导的实际，坚持消除同类食品加工企业中存在的不公平竞争现象，发展以现代物流为基础和运用新型营销方式的食品工业品批发市场。六是要建立和规范市场退出机制。加大依法破产力度，制止低水平重复建设，取缔、关闭落后企业，探索债务处置的新途径，逐步建立企业退出市场的通道。

6. 推进以发展面向生产的服务业为主的服务创新。加快发展现代物流产业，立足省内，着眼省外，瞄准国外，积极探索有效的现代营销方式，建立新型工业销售服务体系。用现代物流与信息技术改造商贸流通业，发展现代物流业，以物流配进、连锁经营、代理制、电子商务、授权经营等现代营销方式，提高工业产品的市场占有率和辐射能力。探索工商领域行业协会的组织建设，由行业协会发挥在行业管理、维护企业合法权益、协调同业发展等方面的作用，特别在面粉加工、白酒、葡萄酒等方面通过行业协会进行规范自律。加快中小企业服务体系建设步伐，组织和引导社会中介机构为企业提供信息咨询、技术服务、市场开拓、人才培训、筹资融资、贷款担保等服务。

7. 推进以投资多元化为格局的融资渠道创新。一是间接融资增加投入。充分发挥银行间接融资主渠道作用，加强金融安全区建设，努力改善社会信用环境，帮助金融部门防范和化解金融风险；为金融部门筛选、推荐科技含量高、附加值高、市场前景好、能带动地方经济发展的优势工业项目，最大限度地获得信贷支持；进一步密切银地、银企关系，增强企业偿债能力，建立企业和银行战略合作伙伴关系；不断改善金融服务，用足用活金融政策，在积极支持地方工业发展中壮大金融实力。二是直接融资增加投入。上市公司通过资产重组、规范运作，提高资金运营效率和经营业绩，实现增资扩股；同时，再选择一些成长型企业和项目，培育上市资源，由上市公司组合扩股，带动相关产业和企业的发展；积极创造条件，做好优势骨干企业的上市准备工作，争取一批工业企业上市融资；鼓励和支持有比较优势的科技型中小企业适时进入"二板市场"融资。三是启动民间资本增加投入。认真总结推广市内民间资本投资工业项目的典型经验，积极探索民间资金投资工业的新模式，市内民间资本投资工业项目享受招商引资的优惠政策。四是招商引资增加投入。把招商引资作为今后企业融资的重要渠道，坚持"走出去、引进来"的方针，以诚招商、以情招商、以商招商、以乡招商、以网招商、以会招商，千方百计争取国内外知名企业来武威投资工业项目。五是盘活存量资产增加投入。继续把项目建设与企业改革结合起来，盘活土地、房屋、闲置资产、外欠货款等存量资产，加快工业项目建设。六是加大政府投资力度。加快信用体系建设，采取政府引导、多元化融资的方式，组建股份制中小企业信用担保中心，为中小企业发展创造融资条件。

8. 推进以开发工业人才为重点的用人机制创新。实施"人才强市"战略，抓住培养、吸引、使用人才三个环节，建立和完善"用才、留才、育才、引才、借才"的新机制，调动各类人才在武威工业经济中发挥聪明才智和积极性。一是提高现有管理、技术人员的水平和素质。对高级经营管理人员要提高其管理企业、驾驭市场的能力和水平，有重点地选送一批综合素质较高、有发展潜力的人员到高等院校深造，到省内外大型企业挂职锻炼，到国外进修、培训，提高其经营素质；对中层管理技术人员要加大其继续教育和培训力度，更好地满足企业快速发展的需要；加强职工全员培训和岗位技能培训,提高劳动者素质,培养具有较高素质的技术工人队伍。二是建立良好的用人机制。用好现有人才,创造人才脱颖而出的氛围,以人才促发展;制定优惠政策,引进急需的技术管理人才,引进一批职业经理从事企业管理;善待和保护企业经营管理者,提高他们的政治待遇和社会地位,给予他们充分的尊重。三是建立人才激励机制。对技术人才、管理人才实行特岗特薪,将他们的技能视为生产要素参股分红;对效益好、纳税多、社会贡献太的企业管理人员,加大宣传力度,树立典型。

9. 推进以改善服务为主要内容的发展环境创新。实施"工业富市"战略,推进工业化进程,走新型工业化道路是一项宏大的系统工程,社会各界都要努力营造良好的投资、建设和创业环境。一是切实加强领导,落实责任。各级党委和政府必须把发展工业作为全面建设小康社会的重要突破口,作为加快全市发展的主要推动力,列入重要议事日程,作为首要任务来抓,形成主要领导亲自抓、分管领导全力抓、有关部门专门抓的领导体制和工作格局;建立工作责任制,把工业发展目标作为各级政府和有关部门的重点指标内容进行考核;进一步完善适应新形势下管理工业经济的专门机构,充实力量,强化工作职能;打破用人界限,面向社会选拔一批工业型高级人才充实到各级工业经济领导管理岗位。二是切实转变政府职能,提高服务水平。真正实现政企分开;加快行政审批制度改革,不断完善"一站式服务、联合办公"制度,简化办事程序,提高办事效率;落实支持企业改革和发展的一系列优惠政策,积极为企业提供项目建设、信息咨询、技术服务、市场开拓、招商引资、人才培训、贷款担保等方面的服务,为企业排忧解难。三是切实强化市场监管职能,完善统一开放、竞争有序的市场体系。四是切实发挥企业党组织的政治核心作用。积极探索新形势下企业党建工作,发挥党组织的战斗堡垒作用和党员的先锋模范作用;建立健全企业工会、共青团等群众组织,坚持职代会制度,加强企业思想政治工作和精神文明建设,尊重和维护广大员工的民主权利,充分调动全体员工加快企业发展的积极性和创造性。

第四章

武威城镇化与工业化协调机制研究

第一节 指标体系构建及数据处理

一 指标体系构建

要研究城镇化与工业化耦合关系，必须构造数学模型、指标体系。本文以 2002—2012 年 11 年间《中国城市统计年鉴》、《甘肃发展年鉴》、《武威年鉴》的相关数据为样本数据。在设计指标体系时一定要全面考虑，严格依据全面性、客观性、科学性、相关性、实用性和可量化性等原则进行指标体系构建。根据武威市的实际情况，建立包括目标层、准则层、指标层的武威市城镇化和工业化的耦合协调评价体系，其中城镇化水平子系统包括人口城镇化、经济城镇化、社会城镇化、生活环境 4 个方面 18 项指标（见表3）；工业化水平子系统包括生产效率、科技与信息化、工业化规模 3 个方面 10 项指标（见表4）。

表3　　　　　　　　武威市城镇化指标体系

目标层	准则层	指标层
城镇化水平子系统	人口城镇化	人口自然增长率（X_1）
		第三产业从业人员比重（X_2）
		总人口（X_3）
	经济城镇化	人均 GDP（X_4）
		全社会固定资产投资（X_5）
		第三产业比重（X_6）
		社会消费品零售总额（X_7）
		在岗职工平均工资（X_8）
		城乡居民储蓄存款额（X_9）

续表

目标层	准则层	指标层
城镇化水平子系统	社会城镇化	实有公共汽车（电）车营运辆数（X_{10}）
		建成区绿化覆盖率（X_{11}）
		卫生机构数（X_{12}）
		科学与教育支出占财政支出比重（X_{13}）
		市辖区/市区万人医生数（X_{14}）
	生活环境	人均园林绿化面积（X_{15}）
		城镇生活污水处理率（X_{16}）
		生活垃圾无害化处理率（X_{17}）
		固体废弃物综合利用率（X_{18}）

表4　　　　　　　　武威市工业化指标体系

目标层	准则层	指标层
工业化水平子系统	生产效率	规模以上工业企业利润总额（Y_1）
		规模以上工业企业总资产贡献率（Y_2）
		规模以上工业企业成本费用利用率（Y_3）
		全员劳动生产率（Y_4）
	科技与信息化	地区邮电业务总量（Y_5）
		国际互联网用户（Y_6）
		科技活动经费相当于GDP比重（Y_7）
	工业化规模	规模以上工业产值（Y_8）
		进出口总额占GDP比重（Y_9）
		第二产业从业人员比重（Y_{10}）

二　数据的标准化处理

由于各个指标的数量级、量纲的悬殊差异，要使数据之间具有可比性，需对数据进行标准化处理。

其正向指标无量纲化计算公式为：

$$Z_{ij} = \frac{X_{ij} - MIN}{MAX - MIN} \tag{5}$$

其逆向指标无量纲化计算公式为：

$$Z_{ij} = \frac{MAX - X_{ij}}{MAX - MIN} \tag{6}$$

式中，Z_{ij}表示第j个序参量的第i个指标标准化后的变量值；X_{ij}是第i年第j项指标的原始值，MAX与MIN分别为各个指标指变量值中的最大和最小值，其中 Z_{ij} 反映了各指标 X_{ij} 对系统层功效的贡献程度，数值取值范围在 [0, 1]。

三 权重的计算

本论文权重的计算运用熵权法。熵是对系统混乱程度的度量，而信息是对系统有序程度的度量。熵权法主要根据指标传递的信息量多少来确定权重。熵越小，信息量则越多，该指标权重越大；反之，熵越大，则指标权重越小。

计算第 i 年第 j 个指标的比重 P_{ij}：

$$P_{ij} = X_{ij} \Big/ \sum_{i=1}^{n} X_{ij} \tag{7}$$

计算指标信息熵 E_j：

$$E_j = -K \sum_{i=1}^{n} P_{ij} \ln P_{ij} \tag{8}$$

信息冗余度 F_j：

$$F_j = 1 - E_j \tag{9}$$

指标权重计算 W_i 计算：

$$W_i = F_j \Big/ \sum_{j=1}^{m} F_j \tag{10}$$

由以上公式计算可得武威市城镇化与工业化的准则层和指标层权重，分别如表5、表6所示。

表5　　　　　　　　武威市城镇化指标权重

目标层	准则层	指标层	权重
城镇化水平子系统 (0.5)	人口城镇化 (0.1999)	人口自然增长率（X_1）	0.0223
		第三产业从业人员比重（X_2）	0.0553
		总人口（X_3）	0.1223
	经济城镇化 (0.3862)	人均GDP（X_4）	0.0531
		全社会固定资产投资（X_5）	0.0895
		第三产业比重（X_6）	0.0473
		社会消费品零售总额（X_7）	0.0631
		在岗职工平均工资（X_8）	0.0586
		城乡居民储蓄存款额（X_9）	0.0746

续表

目标层	准则层	指标层	权重
城镇化水平子系统（0.5）	社会城镇化（0.2452）	实有公共汽（电）车营运辆数（X_{10}）	0.0674
		建成区绿化覆盖率（X_{11}）	0.0516
		卫生机构数（X_{12}）	0.0204
		科学与教育支出占财政支出比重（X_{13}）	0.0673
		市辖区/市区万人医生数（X_{14}）	0.0385
	生活环境（0.1687）	人均园林绿化面积（X_{15}）	0.0674
		城镇生活污水处理率（X_{16}）	0.0356
		生活垃圾无害化处理率（X_{17}）	0.0319
		固体废弃物综合利用率（X_{18}）	0.0338

表6　　　　　　　　　武威市工业化指标权重

目标层	准则层	指标层	权重
工业化水平子系统（0.5）	生产效率（0.4523）	规模以上工业企业利润总额（Y_1）	0.1489
		规模以上工业企业总资产贡献（Y_2）	0.1374
		规模以上工业企业成本费用利用率（Y_3）	0.1175
		全员劳动生产率（Y_4）	0.0485
	科技与信息化（0.2458）	地区邮电业务总量（Y_5）	0.0475
		国际互联网用户（Y_6）	0.0841
		科技活动经费相当于GDP比重（Y_7）	0.1142
	工业化规模（0.3020）	规模以上工业产值（Y_8）	0.1098
		进出口总额占GDP比重（Y_9）	0.1325
		第二产业从业人员比重（Y_{10}）	0.0597

四　目标层综合得分函数

用集成方法来实现城镇化子系统与工业化子系统之间的协调发展状态，城镇化系统综合得分模型数学表达式为：

$$U_1 = \sum_{i=1}^{18} W_i X_{ij} \tag{11}$$

上式为加权模型，其中 W_i 为第 i 个指标在整个指标体系中所占的权重，X_{ij} 是城镇化评价指标体系中第 i 个指标的指标值经标准化后的数据值，U_1 为模型得到的评价指数。由模型的数学表达式可以看出，该城镇化系统评价模型的评价指数值越大说明该城镇化系统的发展程度越高，反之，则越低。

工业化系统评价模型的数学表达式为：

$$U_2 = \sum_{i=1}^{10} W_i Y_{ij} \tag{12}$$

该工业化结构加权积模型当中，W_i 为工业化评价指标体系总第 i 个指标在指标体系中所占的权重，Y_{ij} 是工业化评价指标体系中第 i 个指标的指标值经标准化后的数据值，U_2 为工业化系统的评价指数。由模型的数学表达式可以看出，该模型所得的评价指数数值越大说明工业化发展水平越合理，相反，则说明工业化发展水平较低。

五 城镇化与工业化耦合度、协调度模型

（一）耦合度模型

耦合度度量着城镇化和工业化系统从无序走向有序的协同作用的大小，二者的耦合度模型表达式为：

$$C = \left[\frac{U_1 \times U_2}{(U_1 + U_2)^2} \right]^{\frac{1}{2}} \tag{13}$$

其中 U_1 为城镇化水平综合得分，U_2 为工业化水平综合得分，C 为耦合度，其值介于 [0, 1] 之间，其值越高说明耦合程度越好，反之，耦合越差。"城镇化与工业化"系统的耦合度阶段划分如表 7 所示。

表 7　　　　　　　　　　耦合度阶段划分

耦合度	C = 0	0 < C ≤ 0.3	0.3 < C ≤ 0.5	0.5 < C ≤ 0.8	0.8 < C < 1	C = 1
耦合阶段	无序	低水平耦合	拮抗	磨合	高水平耦合	有序

（二）协调度模型

构建城镇化与工业化耦合协调度模型如下：

$$D = \sqrt{C \times T} \tag{14}$$

模型中，D 和 C 分别为耦合协调度和耦合度；T 为城镇化与工业化系统综合协调指数，它反映城镇化与工业化整体协同效应，其表达式为：

$$T = a_1 U_1 + a_2 U_2 \tag{15}$$

式中，a_1、a_2 为待定系数，$a_1 + a_2 = 1$ 时表示城镇化系统与工业化系统同等重要，所以，取 a_1、a_2 取值都为 0.5。在实际应用中应使 T ∈ (0, 1)，这样可以保证 D ∈ (0, 1)。"城镇化与工业化"系统耦合协调度等级划分，如表 8 所示。

表 8　　　　　　　　　耦合协调度等级划分

协调度	0<D<0.2	0.2≤D<0.3	0.3≤D<0.4	0.4≤D<0.5	0.5≤D<0.6	0.6≤D<0.7	0.7≤D<0.8	0.8≤D<0.9	0.9≤D<1
协调等级	严重失调	中度失调	轻度失调	濒临失调	勉强协调	低度协调	中度协调	高度协调	极度协调

第二节　武威城镇化与工业化协调发展程度测算与分析

原始数据通过标准化处理后，求出各个指标权重，再通过城镇化综合得分公式和工业化综合得分公式分别求出城镇化综合得分 U_1 和工业化综合得分 U_2，然后根据耦合度公式和综合协调指数公式分别求出耦合度 C 和综合协调指数 T，再根据耦合协调度公式计算出耦合协调度 D。

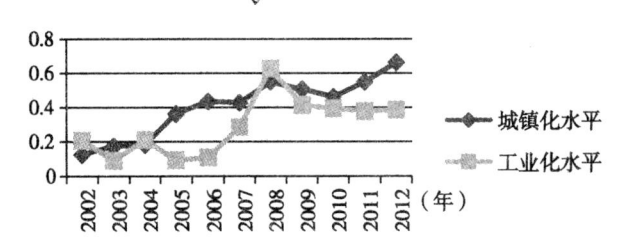

图 2　2002—2012 年武威市城镇化与工业化综合水平变化

一　城镇化与工业化评价结果分析

从图 2 中可以看出，2002—2012 年间，武威市城镇化指数大体呈上升趋势，工业化综合指数的数值则是上下浮动的，在一定的时间段内表现出一定的同步性。城镇化水平综合指数从 0.1242 增长到 0.6628，上升了 4.34 倍，工业化综合指数最高的是 2008 年，达到 0.6266，最低的是 2003 年，低至 0.0895。

1. 城镇化水平分析

2002—2004 年间是城镇化综合水平缓慢增长的时期；2004—2006 年间城镇化综合水平出现一个较大幅度的提升；2005—2008 年进入快速发展阶段；2006—2007 年，城镇化水平出现一个较小幅度的下降；2007—2008 年，城镇化水平又迎来一次快速提升；2008—2010 年，城镇化水平出现一个较大幅度的下降；2010—2012 年，进入快速增长时期。2002—2012 年，武威市人口总数，先增加后减少，2009 年人口最多；人均 GDP 从 4066 元增加到 18759 元，2012 年是 2002 年的 4.614 倍；全社会固定资产投资增幅特别明显，由 2002 年的 19.6 亿元增加到 2012 年 510.62 亿元，增加了 25 倍；第三产业比重却降低了，由最初的 36.54% 增加到 40.53%，又降低到 31.75%；社会消费品零售总额由 2002 年的 20.22 亿元增加到 2012 年的 104.42 亿元，增加了 4.16 倍。

2. 工业化水平分析

2002—2005 年，工业化水平呈现"先降后升再降"的态势；由于 2006 年城镇化进程的快速推进，2006—2008 年，工业化进程也得到快速推进；2008—2011 年，又开始下降；2011—2012 年，出现一个缓慢增长时期。2002—2012 年的 11 年间，武威市规模以上工业产值由 26.35 亿元增加到 315.02 亿元，增加了 11 倍；科技活动经费占 GDP 比重增加了 7 倍；全员劳动生产率增加了 2.75 倍。

3. 从城镇化与工业化交互发展上来看，在整个研究时段内，武威市城镇化水平和工业化水平呈现交替超前的态势，其中，2006 年两者相差程度最大。武威市城镇化水平与工业化水平交互发展如图 2 和表 9 所示。

表9　　　　　　　　　　城镇化与工业化交互发展情况

年份	城镇化水平（U_1）	工业化水平（U_2）	协调类型
2002	0.1242	0.2068	城镇化滞后
2003	0.1719	0.0895	工业化滞后
2004	0.1804	0.2101	城镇化滞后
2005	0.3625	0.0921	工业化滞后
2006	0.4349	0.1073	工业化滞后
2007	0.4276	0.2853	工业化滞后
2008	0.5490	0.6266	城镇化滞后
2009	0.5063	0.4135	工业化滞后
2010	0.4621	0.3936	工业化滞后
2011	0.5484	0.3783	工业化滞后
2012	0.6628	0.3849	工业化滞后

二 城镇化和工业化准则层因素分析

从整体的变化趋势来看，2002—2012 年间，城镇化和工业化的各准则层因素都表现出不同程度的上升趋势。

1. 城镇化子系统中，单从增幅上来看，经济城镇化 > 社会城镇化 > 生活环境 > 人口城镇化。经济城镇化从 0.0262 上升到 0.3393，上升幅度最快。社会城镇化从 0.0377 上升到 0.1682，增长了 3.46 倍。生活环境因素从 0.0185 上升到 0.0773，增长了 3.18 倍，说明武威市在城镇化过程中注重生态环境的保护与改善，注意城市形象的树立和生活品质的提升，居民生活环境水平得到逐步提高，如 2012 年兰州市的生活垃圾无害化处理率达到 83%，而固体废弃物综合利用率达到了 86.82%。人口城镇化增幅最低，从 0.0419 增加到 0.0781，增加了 0.86 倍。

2. 工业化子系统中，单从增幅上来看，生产效率 > 工业化规模 > 科技和信息化水平。生产效率从 0.0530 增长到 0.1936，工业化规模从 0.1357 增长到 0.1679，科技和信息化水平从 0.0181 增加到 0.0234。11 年间，武威市工业化发展水平不高。

3. 从各因素的总量水平上来看，2002 年城镇化子系统各因素中，人口城镇化 > 社会城镇化 > 经济城镇化 > 生活环境，而 2012 年则是经济城镇化 > 社会城镇化 > 人口城镇化 > 生活环境。说明起初武威市的经济发展水平不高，之后武威市的城镇化过程主要是由经济与社会发展所主导的，属于经济社会主导型的城镇化，且在此过程中城乡的差距也逐渐拉开。2002 年工业化子系统中，工业化规模 > 生产效率 > 科技和信息化水平，而 2012 年则是生产效率 > 工业化规模 > 科技和信息化水平，属于生产效率因素驱动的工业化发展，如表 10 所示。

表 10　2002—2012 年城镇化与工业化综合得分和各指标得分

年份	城镇化子系统					工业化子系统			
	人口城镇化	经济城镇化	社会城镇化	生活环境	城镇化水平	生产效率	科技与信息化	工业化规模	工业化水平
2002					0.1242	0.0530	0.0181	0.1357	0.2068
2003	0.0397	0.0350	0.0521	0.0451	0.1719	0.0316	0.0072	0.0507	0.0895
2004	0.0574	0.0352	0.0320	0.0558	0.1804	0.0502	0.0155	0.1443	0.2101
2005	0.0657	0.0977	0.0796	0.1196	0.3625	0.0420	0.0355	0.0147	0.0921

续表

年份	城镇化子系统					工业化子系统			
	人口城镇化	经济城镇化	社会城镇化	生活环境	城镇化水平	生产效率	科技与信息化	工业化规模	工业化水平
2006	0.0743	0.1123	0.1275	0.1209	0.4349	0.0307	0.0511	0.0255	0.1073
2007	0.0327	0.1276	0.1288	0.1386	0.4276	0.0470	0.1458	0.0925	0.2853
2008	0.1420	0.1598	0.1192	0.1280	0.5490	0.4050	0.1426	0.0790	0.6266
2009	0.1405	0.1525	0.1274	0.0860	0.5063	0.1390	0.1913	0.0833	0.4135
2010	0.0432	0.1896	0.1265	0.1027	0.4621	0.2394	0.0197	0.1345	0.3936
2011	0.0716	0.2561	0.1663	0.0545	0.5484	0.0311	0.2138	0.1334	0.3783
2012	0.0781	0.3393	0.1682	0.0773	0.6628	0.1936	0.0234	0.1679	0.3849

第三节 协调度与耦合度结果分析

由表11可知，2002—2012年耦合度数值一直处于0.4—0.5之间，城镇化与工业化一直处于拮抗阶段，耦合度增长缓慢。与耦合度C增长缓慢相比，耦合协调度D增长趋势则比较明显。从2002年的中度失调到2004年的轻度失调，再到2007年的濒临失调，再到2008年的勉强协调，2009—2011年又处于濒临失调状态，2011年又调整到勉强协调。11年间，整个时段内协调度由0.2831上升到0.5025，上升了0.77倍。由图3可知，耦合协调度呈上升趋势，说明城镇化与工业化发展在逐步趋于协调。

表11   武威市城镇化与工业化耦合度与协调度

年份	耦合度	耦合阶段	协调度	协调程度
2002	0.4842	拮抗	0.2831	中度失调
2003	0.4745	拮抗	0.2490	中度失调
2004	0.4985	拮抗	0.3120	轻度失调
2005	0.4020	拮抗	0.3023	轻度失调
2006	0.3984	拮抗	0.3286	轻度失调
2007	0.4899	拮抗	0.4179	濒临失调

续表

2008	0.4989	拮抗	0.5415	勉强协调
2009	0.4971	拮抗	0.4783	濒临失调
2010	0.4984	拮抗	0.4618	濒临失调
2011	0.4915	拮抗	0.4772	濒临失调
2012	0.4821	拮抗	0.5025	勉强协调

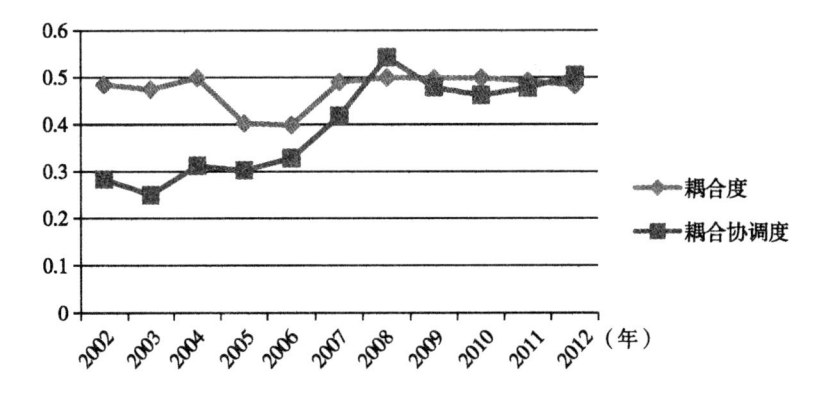

图3 武威市城镇化与工业化耦合度和协调度变化趋势

第五章

城镇化与工业化协调发展的对策和建议

武威市属于农业市，长久以来以农业生产为主，以农业生产带动经济发展。近十年来，第一产业比重逐年降低，第二产业比重逐年升高，但第三产业比重并没有明显的变化。众所周知，单靠农业的发展是不能满足人们日益增长的物质生活需要的，所以开始依靠工业，但工业属于资源消耗大，环境污染严重的产业，不是可持续发展之路，所以要积极促进第三产业的发展。为了更好地促进城镇化和工业化协调发展，本章提出以下建议。

第一节 优化产业结构，以产业发展推进城镇化发展

工业化决定城镇化，城镇化反作用于工业化。只有不断优化产业结构、促进城乡产业发展，统筹推进工业化和农业现代化，积极发展"园区带乡镇"模式，重点培育富民产业，进一步推进城乡产业融合，才能为城镇化发展提供强劲动力。

一 优化产业结构，积极推动工业化

武威市工业主要以食品加工、建筑建材、机械加工、煤电为主，资源消耗大、环境污染较大，不利于城市的可持续发展。对此，一方面要改造提升传统产业，优化结构，继续抓好对高能耗、高排放、高污染企业的整治，淘汰落后产能，加大科技投入，扶持鼓励工业企业开展技术创新，采用节能、节水、节材新工艺、新技术。另一方面要发展战略性新兴产业，继续加快发展新能源、新材料、生物医药、高端装备制造、节能等产业，政府要切实加大在政策和资金方面的支持。

二　加大产业园区发展力度，有效提高城镇与工业化协调性

产业园区是提高城镇化与工业化的有效途径，武威市一是要围绕园区产业发展，加强产业基础，完善产业发展，形成完整的产业链，增强园区产业整体竞争力和经济效益，发挥产业集聚效应。二是园区要加强工业产品质量监督，提高工业产品质量和生产效益，积极采用新技术、新工艺、新设备、新材料促进工业产品品种更新和质量提升。加强产业技术进步和自主创新能力，提高产业转型升级力度。

三　建成主体生产模式，推动农业现代化

武威市劳动力资源丰富，2010年全市15—64岁劳动适龄人口128万人，占常住人口的70%。武威市应充分利用这一优势，围绕构建城镇化战略格局，改造提升传统产业，培育壮大产业从特色优势产业和战略新兴产业中梳理拳头产品，以拳头产品来壮大产业、做强企业、占领市场；扶持劳动密集型产业特别是与农业相衔接的加工业，发展面向农村和农民的生产性服务业、农产品加工和食品加工业，提高经济增长的就业弹性，为农村剩余劳动力提供就业机会，保障工业化、城镇化与农业现代化同步协调发展。

武威市正处于由传统农业向现代农业的加速转型期，要积极推进农业现代化发展，坚定不移地推进"设施农牧业＋特色林果业"主体生产模式和"储藏加工＋运输销售"现代营销模式，实现农业结构以畜牧业为主、农林协调发展，农业生产方式由大田种植和传统养殖转向设施种养，提高农民收入。加快发展现代服务业，以现代物流业为龙头，提升现代服务业发展水平。

加快现代农业发展，推进土地集中与人口集中，为工业发展提供要素支撑。一是继续加强农业园区建设，提高农业机械利用水平，加快土地流转与农业劳动力释放力度，促进土地集中，并在条件成熟地区推进人口集中，促使人口向城镇转移。二是以城镇为载体，加强城镇社会公共服务体系建设，完善城镇科技、教育、文化医疗建设，增强技能培训、科技创新等服务功能，增强城镇吸引力。三是加快城镇网络体系建设，建成覆盖城乡的宽带化、智能化现代信息网络，加快区域性信息高速公路建设。

四 积极发展第三产业，加大第三产业投资力度

由前面分析可知，近十年来，武威市第三产业所占比重变化不大，武威市要重点加大对第三产业的扶持，积极发展第三产业，加大第三产业投资。

第三产业是国民经济的重要组成部分，其发展水平是衡量一个地区发达程度的重要标志，加大第三产业投资力度，加快第三产业发展对促进武威市经济持续、快速、协调、健康发展和社会事业全面进步，加快构建和谐社会具有重要意义。

通过积极招商引资，加大第三产业投入，培育新的经济亮点；拓宽投融资渠道，激活民间投资；扩大农村投资需求，加快小城镇建设步伐，使更多的农民脱离土地，脱贫致富，走进市场，为第三产业快速发展奠定基础等方式来积极发展第三产业。

第二节 多措并举，有序促进农业转移人口市民化

农民转移就业问题是当前城镇化进程中较为突出的问题。促进农民转移就业，应坚持就近转移与异地转移相结合，积极稳妥地解决农村转移人口市民化中的户籍、住房、就业、就学、就医、社会保障等问题，并在养老、医疗、教育等方面和市民享受同等待遇；要推进农村土地制度改革，在不改变所有性质的前提下，积极探索农业转移人口依法处置承包地和宅基地的有效形式；加快征地制度改革，对被征地农民给予合理的补偿，给我们的未来生活和发展留有足够的发展空间，确保城市的"五件衣服"（养老、医疗、就业、住房、教育）一步到位地穿到被征地农民身上；加快对农业转移人口的教育培训，提高其综合素质，提升就业竞争能力、职业转换能力和创业能力。另外，应着力拓宽高校和职业技术院校毕业生的就业渠道，为其提供创业优惠政策，促进其自主创业，引导和安置复转军人在城市就业，促进人口向城镇有序转移。

第三节 统筹城乡融合，推进城镇化进程

以城乡融合发展核心区建设带动武威全面发展，优化城镇体系布局，强化基础设施建设，合理配置公共服务资源，促进工业化、城镇带状化、农业现代化和信息社会化协调发展，加速人口、产业、资源等各类要素向城镇聚集，提高城镇综合承载能力，力争到2020年城镇化率达到60%。城乡融合发展策略如下。

1. 推进城乡经济融合发展

以中心城区为依托，以产业园区为纽带，优化调整城乡产业结构，以产业发展带动城乡融合，加速城乡经济融合协调发展，促进城乡经济要素（包括组织、资源、市场、劳动力、技术、信息等）自由流动，实现城乡居民的公共富裕。

2. 推进城乡社会融合发展

积极推进制度创新，重点重点抓好土地管理改革、公共财政体制、金融体系、社会保障、环境保护、基本公共服务均等化、户籍管理制度建设，打破城乡二元结构，逐步建立城乡一体的劳动就业和社会保障制度，推动城乡一体化制度改革。

3. 推进城乡空间融合发展

以空间资源高效利用为目标，加强土地管理，优化土地资源配置，实施收缩战略，引导城乡空间、生产要素集约紧凑布局，重构市域城乡空间格局，腾出大面积"无人区"用于生态环境恢复建设。

4. 统筹城乡基础设施建设

完善城乡基础设施，加大对农村基础设施建设的投入，提高农村地区的基础设施建设水平，逐步实现供水、排水、燃气、供热、电力、通信、广播电视、邮政、环卫等基础设施建设的城乡一体化，实现城乡融合发展。

5. 实施乡村人居环境改善工程

加快实施生态人居建设工程、人居环境提升工程、生态文化培育工程、下山入川移民工程和农村社区聚居工程，以工程建设统筹涉农项目和资金，带动基础设施建设和农民精神面貌变化，加快城乡融合步伐。

第四节 建立和完善社会保障体系

建立和完善城乡居民基本养老保险制度；强化企业缴费责任，扩大农民工参加城镇职工工伤保险、失业保险、生育保险比例；推进商业保险与社会保险衔接合作，开办各类补充性养老、医疗、健康保险；加快以社区为中心的老年养老服务体系建设，培育和发展社区非营利组织养老服务，由家庭或老人自己出钱，政府资助，社区组织提供服务，帮助老年人在社区内居家养老，形成家庭养老、社区养老相结合的多元化养老模式。

第五节 奠定城镇化发展基础

城镇化是人类社会相对于农业社会更高层次的发展阶段。就武威市而言，当前的难点在于增加城乡居民收入，重点在于实现农村全面发展，基础是形成支柱产业，关键是提升经济发展水平。2012年，武威市农民人均纯收入达到6136元，比上年增长13.5%，增长势头良好。相对于农民人均纯收入，武威市的难点在于增加城镇居民人均可支配收入，2012年比2011年增长11.8%，低于同期人均纯收入增幅。特别是就业路窄、增收渠道少的问题没有被有效破解。所以要加快培育富民多元产业，促进产业化与城镇化良性互动发展，坚持城镇建设与产业培育相结合，把城镇化与调整产业结构、培育特色优势产业、构建工业体系、加快发展现代服务业、促进就业与全民创业结合起来，加快产业和人口的聚集，不断提升城镇的辐射带动和承载能力，促进城市经济发展，提高城镇居民生活水平。

第六节 创新融资方式，推进资金保障多元化

建立健全由政府、企业、个人共同参与的农村转移人口市民化成本分担机制，由政府承担农业转移人口市民化在义务教育、劳动就业、基本养老、基本医疗卫生、保障性住房以及市政设施等方面的公共成本，企业要

落实农民工与城镇职工同工同酬制度，依法为农民工缴纳职工养老、医疗、工伤、失业、生育等社会保险费用；鼓励社会资本参与城市公共设施投资运营，积极发展债券融资等，推进城市建设资金多元化。

第七节　因地制宜，推动城镇可持续发展

按照统筹城乡融合发展的要求，以金色大道为骨架，建设一批承载能力强、生活条件好、功能设施全的小城镇集群。各城镇应充分审视自己的产业基础、发展现状、区位特色、与周边区域的联动衔接等，发挥比较优势，大力发展特色产业，吸引人口、资源、信息不断聚集；开展城市低效用土地再开发，加大存量建设用地挖潜力度，提高土地节约集约利用水平，增强城镇综合承载能力。

第三篇

武威土地有效利用研究

第一章

绪 论

第一节 研究背景与研究意义

一 研究背景

土地是人类赖以生存和生产的基本资源和环境，也是最重要的自然资源之一。城市是一定规模及密度的非农业人口聚集的地方和一定层级地域的经济、政治、社会和文化中心。在城市化的过程中，经济发展、人口增加加剧了中国土地资源利用的矛盾。人多地少是我国的基本国情，我国的国土面积仅为世界地表面积的7%，而人口却占世界总人口的1/4左右，中国人均国土面积12.4亩，为世界人均国土面积44.5亩的27.9%，还不到1/3，中国人均耕地面积1.3亩，为世界人均耕地面积4.8亩的27.08%，同样也是不到1/3。因此，人口与土地资源的矛盾十分突出。

改革开放30年来随着中国经济的快速发展和工业化水平的不断加深，城市规模的日益扩大已经成为不可阻挡的趋势，由于人口的急剧膨胀，中国城市化过程一直走的是外延式、摊大饼式扩张用地的路子，城市范围的扩大致使城市周围大量耕地被占用。另外，我国土地资源有限，特别是耕地资源，存在着人均占有量少、优质耕地少、后备耕地资源少等一系列问题，严峻的现实情况迫使中国必须改变城市土地利用模式，走从内涵挖掘潜力、集约利用的道路，实现城市土地的可持续利用。因此，研究我国城市化进程中的土地集约利用问题具有特殊的意义，这正是本文进行选题研究的主要原因。

二 研究意义

国家"十一五"规划再次提出把实施城市化战略，逐步化解城乡二元结构矛盾作为"十一五"期间经济和社会发展的战略重点之一。根据城市化发展规律，我国城市化已进入快速发展阶段。在这一阶段，城市化的发展将带来社会经济关系的剧烈变动，更驱动城市土地利用的重大变革。城市化必须以用地作为依托，城市化进程中土地扮演着极其重要的角色，无论是产业结构调整、人口的聚集，还是基础设施的建设，都必须通过土地的重新配置来实现，在城市化进程中将城市土地进行高效、集约利用以促进形成结构合理、功能互补、综合效益最大化的城市体系具有重大现实意义。

甘肃城市化水平在全国范围内一直处于落后水平，2005年甘肃省城市化水平为31%，比全国水平42%低了11个百分点，2007年甘肃省城市化水平为31.59%，比全国水平44.9%低了13.31个百分点，甘肃省的城市化水平和全国的城市化水平差距越来越大。因此，加快城市化进程，迎头赶上全国城市化发展水平，把握住城市化带来的巨大发展机会，已成为关系甘肃省经济社会发展全局性的战略问题。无论从保护土地资源、城市发展和城市土地合理配置角度，还是从经济增长方式最佳化的角度，城市土地集约利用的问题都是加快甘肃省城市化进程亟待解决的主要问题之一。因此，本文将探讨甘肃省武威市城市化进程中城市土地集约利用问题，使城市土地发挥最大的功效，解决甘肃省武威市土地利用与城市化发展水平之间的矛盾，对加快武威市乃至甘肃省城市化进程都具有十分重要的意义和实践上的应用价值。

第二节　国内外研究综述

一　国外研究现状

国外土地集约利用与潜力评价研究起源于农业用地，对农业用地的集约经营最早由李嘉图（David Ricardo，1817）等古典政治经济学家在地租理论中提出来的。土地潜力评价的研究迄今为止主要也是针对农业用地而进行的，在实践工作中也是世界上最早使用的土地潜力评价系统。德国经济学家杜能（Thunen）的《农业区位论》中对土地集约经营利用规律的研究也有所提及。杜能通过对城市周围农业土地集约利用类型的空间分布研究，提出同心圆布局原理，并认为：农业土地集约利用的合理集约经营度是按土地区位地租高低即距离市场远近配置。第一次将区位与土地利用合理集约经营度研究结合在一起。

最直接研究土地合理集约度的经典理论是土地报酬递减理论。该理论认为在一定科技条件和若干要素投入量保持不变的情况下，土地收益随某一投入量不断增加将出现由递增到递减的现象。著名剑桥学派的创始人英国经济学家马歇尔还认为：报酬递减规律适用于各业中为了生产和生活而对土地的利用，显然土地报酬递减规律所阐述的就是土地的合理投入问题，研究的是土地的合理集约度。

到了20世纪末，城市地理学等相关学科的定量化研究发展取得了巨大成绩，一些新的方法、模型、技术等在城市研究中得到应用与发展，特别是计算机技术和应用软件的发展，为城市的定量化研究提供了极好的应用平台，使城市集约利用研究进入一个全新的发展阶段，如系统动力学模型（system dynamics model，SDM）、人工神经网络（artificial neural networks，ANN）、元胞自动机（cellular automata，CA）、遗传算法（genetic algorithm，GA）、分形（fractal）、地理计算（geocomputation）等。

对于城市土地集约利用，由于西方国家人地矛盾并不像中国这样尖锐，因此相关的直接理论研究很少，但是在城市土地利用过程中，国外城市也一直在关注城市土地利用过程中的粗放与集约的矛盾，不断总结经验和教训，适时调整城市土地利用强度，寻求最佳的土地利用方式。国外城市土地集约利用的实践历程主要包括以下几点：1. 城市化过程中的人口疏散与人口集中。2. 城市土地利用强度的变化。3. 工业从城市中心向外围扩散。4. 建设城市副中心，减轻市区中心土地利用压力。

二 国内研究现状

国内对城市化、城市郊区化以及城市扩散的规律方面研究较多。如崔功豪、周一星等在对北京、保定等大都市边缘区研究的基础上，开展了我国城市郊区化的研究，提出了城市郊区化是城市向外有机扩散的结果。朱介鸣、赵民从城市规划管理作用层面阐述了城市规划可为城市土地开发提供引导和秩序，主张确保土地开发市场的确定性、公正性、稳定性。南京大学的武进博士在对中国数百个城市的空间形态及结构特征概括的基础上，提出了城市发展形态的规律。盛洪涛、周强认为主张加强城市管理是实现土地资产经营目标的重要手段，主张通过城市规划和土地利用总体规划体系、土地供应年度计划管理制度、法定图则管理制度、效益及市场分析制度等加强对土地市场的管理。黄珍、段险峰从经济学的角度揭示了新区发展的经济学动因。仇保兴也主张从城乡一体化的规划角度来防止小城市、开发区的土地不合理利用。顾京涛、尹强从城乡协调发展、城乡规划一体化的角度对大都市周边的城市发展提出了建议。周春山、罗彦通过对广州市房地产价格分布的分析，得出房地产价格对促进城市建设用地的扩展、刺激城市产业空间的转变、影响城市垂直高度的变化和促进城市内部产业土地利用优化方面作用的结论。

可以看出，国内对城市化现状发展的形式上的规律研究较多，城市化进程中的土地利用问题研究较少，对土地利用存在的问题规划管理宏观层面上的看法较多，而对政府的宏观管理与市场结合推进土地的集约利用研究较少。政府应该从加强政府宏观管理、健全法律、总量控制的角度，来加强对土地市场的调控，防止国有土地资产的流失，而对运用市场价格等手段的引导，去推动城市土地的集约利用涉及不够，重认识论轻实践论，重管理规则的制定，而忽视管理规则与市场手段相结合。

第二章

城市土地集约利用的理论基础

第一节 城市土地集约利用的内涵界定

一 城市土地利用的特征

对城市土地利用的研究必定离不开对城市土地的特征进行分析。城市土地的特征有很多，一般土地具有以下两个共性：自然特征和社会经济特征，还具有与农用地所不同的独特性质。以下介绍其几个重要特征。

（一）城市土地供给的稀缺性和利用后果的社会影响

人口在不断地增长，社会经济文化在快速发展，城市土地的需求量也在不断增多，但是能够用于城市发展的土地数量有限，导致城市土地的供给日益紧张，这就是城市土地供给的稀缺性。城市土地供给的稀缺性主要表现为：首先是城市土地供给的数量有限，从而产生了土地供给总量与需求总量之间的矛盾。由于我国人口众多，人地矛盾突出，出于粮食安全的考虑，必须严格保护耕地坚守18亿亩耕地红线，因此不可能允许城市用地规模向外围不断扩张，只能以挖掘内涵潜力充分利用存量土地为主要途径，以提高城市土地的利用率。其次是土地空间位置的固定性，导致某些区段和某种用途的土地相对稀缺，这是垄断地租形成的原因之一。城市土地稀缺性有日益增强的趋势，因而城市土地的供求矛盾也将日益尖锐，导致出现一些土地经济问题。土地资源不可再生，而人口和土地的需求会不断增长，所以土地资源会永远稀缺。土地的有限性主要是指在某一地区（重点是城市地区），用于某种特定用途的土地数量的有限性和排他性。一种用途的用地增加就会导致另一用途的用地减少。城市规模越大，其供需缺口也越大。因此要求我们集约利用土地。

同时，每一区域土地利用的后果，既影响本区域内自然生态环境和经济效益，又影响到邻近地区以至整个社会的生态环境和经济效益，产生巨大的社会后果。过度利用城市土地，减少城市土地的生态用地（如城市绿地）数量，或者高楼林立，通风、采光不够，交通拥挤，加剧环境负荷和污染程度，都会导致城市土地的不可持续利用。因此，如何适度利用土地，关系到城市生态的稳定性。城市土地利用的这一特点要求国家要对全部土地的利用进行宏观的规划管理、监督和调控。

（二）城市土地利用方向的复杂性和变更的困难性

城市经济比农村经济的社会化程度更高，社会分工和专业化协作也更发达，包括工业、商业、建筑业、服务业、旅游业、金融业、交通运输业以及市政管理等各个经济部门。这些部门分别配置在不同的土地功能区域内，相互联系、相互作用，形成城市地域内部的利用结构，构成了庞杂的经济体系。

同时，同一块土地有多种用途，当该土地投入某项用途之后，欲改变其利用方向，比较困难，这主要受土地自然条件的制约和变更土地利用方向往往会造成巨大经济损失等因素制约。这就要求人们在确定土地利用方向时，一定要进行详细勘察，作为长期周密的规划，决不能朝令夕改，任意改变土地用途。

（三）城市土地利用区位的差异性和对基础设施条件的依赖性

所谓区位就是指从事社会经济活动的地理位置，直接决定城市土地质量的优劣。加拿大经济学家 M. 歌德伯戈和 P. 钦洛依在《城市土地经济学》一书中指出："城市不动产的三条最重要的特性一是区位二是区位第三还是区位（Location, Location and Location）。"这体现了城市土地区位的极端重要性。区位的差异决定了城市土地利用的价值、强度和方向的明显不同，进而影响到土地利用的结构，因此人们对不同区位的土地有不同的直接或间接的投入，相应地获得不同的收益，这是级差地租的形成原因，直接影响企业的经济效益。城市土地区位的差异性反映在土地价格上，土地区位越好，级差收益越高，土地价格也越高。很多城市中心区域都用于商业且土地价格最高就是因为它的区位最为优越，能够获得高额的利润。

在区位相近的条件下，影响城市土地质量优劣的重要因素就是该区域的基础设施条件，如交通运输条件和公共基础设施等。城市是人们进行各种经济、文化和社会活动的场所，是集聚人口、资金和经济的空间地域，相互交往频繁，而这种交往的成本就直接依赖于城市交通的便捷程度。因此，各种基础设施条件越完备的城市其竞争必然越激烈，城市土地也越能产生更高的级差效益，城市土地的利用将趋向于更加集约。

（四）城市土地利用的高度积聚性、集约性和土地边际产出递减性

一方面，城市土地利用与农业用地不同，它具有明显的积聚效应。伴随着资本和物质在一定面积城市土地上的积累，其产生的积聚效益会远远高出单个资本效益的累加，从而具有更大的产出；另一方面，城市土地主要用于建筑，在面积有限的情况下可以向空间发展，单位土地面积可以投入巨大的资金，所以城市土地面积对土地投资规模的限制作用相对较小，起主要限制作用的是土地报酬递减规律。

所谓"边际产出递减性"（Diminishing Marginal Product），是西方微观经济学的重要理论。它是指在其他生产要素投入量不变时，某生产要素的投入量超过特定限度后，其边际产量会随投入量的增加而递减。对于城市土地来说，边际产出递减性表现在对土地的使用强度超过一定限度后，收益开始下降。因此，任何过度开发不仅是对环境的破坏，在经济上也是不合算的。由于"土地报酬递减规律"的存在，在技术不变的条件下对单位面积土地的投入超过一定限度，就会产生报酬递减的后果。这就使得人们在增加土地投入时，必须寻找在一定技术、经济条件下投资的适合度，确定最佳的城市土地投资结构，并不断改进技术，以便提高土地利用的经济效果，减少土地报酬递减规律的作用。

（五）城市土地的承载性和利用空间的多维性

城市土地是城市社会、经济、生活等各项活动的载体，是城市的空间活动场所，一个自然历史经济综合体。城市土地对土地功能仅作为承载空间，不直接作为生产要素。而且，城市各种社会经济活动对土地空间的利用是立体多维的。除了城市土地利用方式的平面结构开发外，重要的还能充分利用地上和地下的立体空间。这就为城市土地空间利用的潜力挖掘提供了根本基础。也正是由于这一特性，使得城市土地的空间利用存在多样性和复杂性，而土地集约利用的研究具有更大的挑战性。

二 城市土地集约利用的科学内涵

（一）节约和集约用地内涵

目前中国的土地利用主要存在两个问题，一个是粗放，另一个是浪

费。集约利用是针对粗放来说的，节约利用是针对浪费来说的。节约用地是指在满足土地使用基本功能的前提下，通过采用一些技术、经济、政策措施，减少对土地资源的消耗。节约体现减量化原则，力求用尽量少的土地占用实现土地使用的基本功能；节约用地既包括减少土地占用量，也包括尽量少占或不占耕地。集约用地源自李嘉图、杜能等古典经济学家和农业学家对农业用地的研究，是指在土地资源既定的情况下，通过增加对土地的有效投入，提高土地的利用效率和经济效益，发挥有限土地资源的更大功能。集约用地体现效益最大化原则，注重挖掘土地资源的利用潜力，实现土地利用的更大功能。节约和集约用地是土地利用的方式，节约用地要求少用土地，集约用地要求把土地最大效益发挥出来，就是如何更有效地利用土地，以最小的土地成本，发挥最大的土地使用功能。

(二) 节约用地和集约用地的联系

节约用地主要针对的是保护土地资源，减少社会经济发展对土地造成不可逆的消耗，防止无谓的浪费和破坏。集约用地主要是针对人类社会经济活动而言的，是指增加社会要素投入、提高土地利用率或优化土地利用结构的措施，从而使土地利用率达到一个合理水平的行为。节约用地强调的是用地数量，重在用地方式的选择；集约用地强调用地效果，重在用地模式的选择。一般而言，节约突出用地数量的减少，集约突出用地效率和效益的提高；集约用地必然导致节约用地；集约用地是节约用地的主要手段，但不是唯一手段，节约用地还有其他更广泛的措施选择。节约和集约是一个相对的概念，在不同的时代和环境条件下，针对不同的对象，节约和集约用地的标准是不一样的。国土资源部对节约集约用地的权威解读是，主要包括三层含义：一是节约用地，就是各项建设都要尽量节省用地，千方百计地不占或少占耕地；二是集约用地，每宗建设用地必须提高投入产出的强度，提高土地利用的集约化程度；三是通过整合置换和储备，合理安排土地投放的数量和节奏，改善建设用地结构、布局，挖掘用地潜力，提高土地配置和利用效率。很明显，这也是在我国土地资源稀缺的条件下，满足社会经济可持续发展对土地利用的需求。

(三) 城市土地节约集约利用的科学内涵

城市土地集约利用是借鉴于农业土地集约利用的概念，由于城市土地利用的特殊性，其内涵远比农业土地集约利用丰富和复杂，不少学者从不同角度、不同范围和层次对城市土地集约利用进行了概念解释和界定，但是城市土地集约利用的概念和内涵尚未形成统一认识。

借鉴农业用地集约利用的内涵并结合当前国内外学者对城市土地利用研究的最新成果，将城市土地节约集约利用的概念归纳为：以科学发展观为指针，以符合城市总体规划、土地利用总体规划及有关法规为原则，通过整合置换、储备和增加投入，合理安排土地投放的数量和节奏，改善城市用地结构和布局，不断提高土地的利用效率和经济效益，以挖掘用地潜力，节约土地资源的一种开发经营模式。其科学内涵包括以下三个方面：

1. 以最少的土地投入获取最大的综合效益是城市土地节约集约利用的出发点和归宿；
2. 城市土地节约集约利用是实现土地资源可持续利用的重要形式；
3. 城市土地节约集约利用水平具有区域差异性。

三　城市土地集约利用的形式、类型

根据经济增长理论，经济增长是由于生产要素用量的增加和生产技术的改进而引起的一国人均国民生产总值的增加。经济增长模式是指用何种生产要素的利用方式来实现经济增长，对一个国家国民收入增长过程的高度抽象，包括投入的要素、要素的投入量以及要素之间的相互关系、技术进步等。以对投入要素的节约度为标准，经济增长模式可划分为粗放型经济增长和集约型经济增长。粗放型经济增长方式是指在生产技术水平较低的条件下，主要依靠增加资金、人力、物力等生产要素的投入量来提高产量或产值的那种经济增长。集约型经济增长方式是指在经济建设中，主要依靠科技进步和提高劳动者素质，实行现代化和科学化的经营管理，降低成本，提高劳动生产率而取得的经济增长。

根据节约集约的程度和内涵的不同，可以将城市土地利用划分为以下几种形式：

1. 粗放利用；
2. 过度利用；
3. 集约利用。

根据城市土地利用的特性和城市土地集约利用的内涵，可将土地集约利用划分为以下几种类型：

1. 劳动资本型集约利用；
2. 资本技术型集约利用；

3. 结构型集约利用；

4. 生态型集约利用。

四 影响城市土地集约利用水平的因素

影响城市土地集约和节约利用水平的因素是多方面的，而且可能处于不同的决策层次。

从宏观角度来看，城市土地利用结构及相应的产业结构是重点。一个地区的增长方式如果以粗放为主，其用地无论在微观上如何强化，也不可能改变总体的利用态势。当前国家强调要增强城市土地参与宏观调控的作用，就是要通过城市土地供给的控制，促进各类地区产业结构的调整与升级。

在中观层次上，城乡、区域间是否统筹协调，是否统一、优化配置，是影响城市土地节约集约利用水平的主要因素。这方面最明显的是重复建设和公共设施、基础设施低效利用问题。有些地方在基础设施投资建设方面过分强调超前建设和招商引资，没有合理的时序控制，结果造成投资建设的低效利用甚至闲置。一些地方试图用行政手段推进城市化，大肆扩张城市用地，大搞城市基础建设，结果农村人口没有进城，城市内部却出现大量闲置用地，基础设施得不到有效利用，造成实质上的土地粗放利用。这在小城市建设中比较突出。

在微观层次上则直接反映为城市土地利用的用途和强度。工业用地的大绿地、低层厂房肯定不能达到土地效益的最大化。但是，城市土地利用强度也不是越高越好。随着建筑密度、高度和建筑容积率的增加，人均拥有绿化、休闲、开敞面积减少，交通、噪声、安全隐患等问题会越来越突出，从而会降低城市土地利用的价值。

五 相关概念的含义辨析

（一）城市土地合理利用

城市土地节约集约利用与合理利用的概念关系十分密切，但其内涵有所区别。城市土地合理利用，是根据土地资源的特点，通过科学技术和规划布局的手段，使城市土地具有最佳的空间组合与利用方式，充分发挥土地功能要素在城市活动中的作用，以期获得最佳的社会、经济、生态的综合效益，并保持这种效益的长期性。合理利用与集约利用的相互联系从总体上看，城市土地合理利用涉及的内容和范围要比集约利用更为广泛，它包含了土地集约利用的内容，而土地节约集约利用不能完全取代合理利用的内涵。它们内涵的差别，又导致解决问题的方法、途径的差异。

（二）城市土地可持续利用

土地资源的可持续利用，是由可持续发展的概念发展而来的。可持续利用也属于合理利用的范畴。城市土地节约集约利用与可持续利用同样是两个关系密切、相辅相成又有区别的概念。一方面，可持续发展是土地节约集约利用的指导思想和重要依据，大量实践表明，对土地资源的开发利用，只有立足于现实，并着眼于未来，才能做到合理配置，精打细算，从而避免造成土地浪费的低度开发和破坏环境生态的过度开发。另一方面，节约集约使用土地，不仅可以提高土地的使用效率，同时还可减缓城市外延发展的速度，从而节约宝贵的土地资源和耕地。因此，城市土地的节约集约利用又是实现土地可持续利用的重要手段之一。上述两个概念的区别在于：集约利用注重于生产效率与经济效果，而可持续利用更强调环境效益，强调土地资源的合理配置和协调发展。因此，对其研究分析的理论方法也应有所区别。

第二节　城市土地集约利用评价的理论基础

一　土地供给稀缺性原理

土地资源尤其是可供人类利用的土地资源是有限的，而伴随经济社会的发展，人们对土地的需求却在不断增加，于是必然会出现土地供给的稀缺性。土地供给的稀缺性不仅仅表现在土地供给总量与土地需求总量的矛盾上，还表现在由于土地位置固定性和土地质量差异性所导致的某些地区（城市地区和经济文化发达、人口密集地区）和特定用途（如工业用地）土地供给的稀缺性。

由于城市土地稀缺性日益增强，城市土地供求矛盾日益尖锐化，导致一系列土地经济问题的产生。城市土地供给稀缺性是引起土地所有权垄断和土地经营垄断的基本前提。在土地私有、自由买卖、出租的条件下，就可能出现地租、地价猛涨及土地投机泛滥等现象。

当前随着我国对城乡"二元"经济结构体制的进一步改革，城市化进程加速，中国城市正处在快速发展的阶段。但是，我国城市以往的迅猛发展，是典型的粗放化经营，是"摊大饼"式扩张，挤占了大量的土地特别是耕地。根据城市化发展规律，今后若干年我国城市化将呈现较大的增长态势，未来城市发展不可避免地会占用一定土地。然而土地供给是有限的，这种土地供给的非弹性和城市建设对土地需求的弹性之间的矛盾迫使我们必然要走土地集约化利用的道路。

二 地租地价理论

西方经典的地租理论可分为三类：古典经济学地租理论、新古典城市地租理论和马克思地租理论。古典经济学地租理论以威廉·配第、亚当·斯密和大卫·李嘉图为代表。新古典城市地租理论兴起于19世纪末，20世纪初的新古典经济学派，以马歇尔、庇古等人为代表，他们对古典经济学地租理论进行了完善，提出地租实际上是一种分配工具，总是把土地分配给出价最高者——最高租金原则。在这一原则的指导下，他们提出了城市土地利用空间分布模式。

马克思批判继承和发展了古典经济学的地租理论。他认为地租是因使用土地而支付的使用费，他是土地所有权在经济上的实现形式，它来源于劳动者的劳动所创造的剩余价值在各个资本之间按社会平均利润率分配之后所剩余的部分。他将地租分为绝对地租和级差地租两种形式。土地绝对地租是指土地所有者凭借对土地所有权的垄断，占有农产品价值中超过社会平均生产价格的那部分超额利润。简而言之就是使用土地而必须支付的地租。级差地租是因土地等级不同而形成数量不等的地租，级差地租又分为两种：级差地租Ⅰ和级差地租Ⅱ。

地价理论与地租理论是相互补充，不可分割的，马克思地价理论主要包括以下几点：首先，土地虽然不是劳动产品，没有价值，但是有使用价值，并存在价格，但是这个价格不是土地的购买价格，而是土地所提供的地租的购买价格；其次，已利用的土地由土地物质和土地资本构成；再次，土地价格是地租的资本化。土地价格包括三个部分：1. 真正的地租，即绝对地租和级差地租；2. 土地投资的折旧；3. 土地投资的利息。地价理论，反映出土地价值不但与土地的自然因素有关，而且与社会经济状况有关，以土地价格理论为直接基础计算出的土地价格，是对土地质量的综合。

三 区位理论

区位即地理事物分布的地区或地点。区位理论是关于人类活动的空间分布及空间相互关系的学说，是研究特定区域内关于人类经济活动与社会、自然等其他事物和要素间的相互内在联系和空间分布规律的理论。自1826年杜能（Thunon）农业区位论创立、1909年韦伯（Weber）工业区位论诞生、1933年克里斯塔勒（Chris taller）中心地理论形成，到19世纪50年代以后区位论的蓬勃发展，从不同层次和角度阐释了不同区位土地收益与土地利用方式、程度及运费的关系和土地纯收益的空间变化规律。城市土地利用其特定的功能分区（商业、住宅、工业等），功能不同的土地在城市不同的空间布局上产生的经济效益也不一样。

城市土地节约集约利用状况具有区域的空间差异性，区位不同的地块具有较大供求差异和收益差异，土地区位是自然地理位置、经济地理位置和交通地理位置在空间地域上的有机结合，是由土地本身和投入其中的土地资本的数量和结构决定的，它以土地本身的自然条件为基础，但往往更受经济地理位置和交通地理位置的影响，并与一定地域空间上生产和生活的方便性呈正相关。土地是人类一切活动的场所和载体，空间上的差异，会表现出不同的用地类型，地租地价也相应地变化、演替和转移。城市土地利用的实质是对土地区位的利用。因此，区位理论必将成为土地集约利用的理论基础。

四 可持续发展理论

可持续发展思想的提出源于人们对环境问题的逐步认识和热切关注。随着人类赖以生存和发展的环境和资源遭到越来越严重的破坏，人类已不同程度地尝到了生态破坏的苦果，迫切需要一种全新的发展理念。在这样的背景下，可持续发展理论被提出，目前被世界各国普遍接受的可持续发展定义为：既能满足当代人的需求而又不对满足后代人需求的能力构成危害的发展。

可持续发展理论源于发展的理论，发展理论的研究可以分为五个阶段：

1. 发展经济学的发展观，其基本观点是：工业化是一个国家或地区经济活动的中心内容，经济增长是一个国家或地区发展的首要标志。这种发展观具有明显的片面性，自一开始就受到强烈的批评。

2. 现代化理论的发展观，该理论认为：现代化不完全等同于西方化，非现代的和非西方的社会走向现代化的过程，并不是用一个简单的"西方化"概念就可以概括的复杂过程。

3. 增长极限论的发展观，这一理论认为：传统发展观只注重经济增长和人类物质需要，忽视了资源的有限性和环境受到的破坏。实际上，人口增长、粮食生产、投资增长、环境污染和资源消耗具有按指数增长的性质，如果按照这个趋势继续下去，我们这个星球上的经济增长将在100年以内的某个时期达到极限，因此人类应制止增长和技术对生态环境的破坏。把环境因素纳入到发展内涵，是增长极限论的重要贡献。

4. 综合发展观，这一理论包含三层思想：首先要突出文化价值在发展中的地位；其次各个部门、地区与社会阶级要在发展中求得协调一致；再次发展不仅是社会经济的发展，也是人的发展和健康人格的形成过程，发展应该是"以人为中心"的发展。

5. 可持续发展观，这一理论的主要内容包括：首先，肯定发展的必要性，只有发展才能使人们摆脱贫困，才能为解决生态危机提供必要的物质基础；其次，强调发展与环境的辩证关系，环境保护需要经济发展提供资金和技术，环境保护的好坏也是衡量发展质量的指标之一；再次，提出了代际公平的概念；最后，在代际公平的基础上提出了代内公平的概念。

五　土地报酬递减理论

17世纪中叶的威廉·配第首次发现了一定面积的土地的生产力有一个最大限，超过这个限度后土地生产物的数量就不可能随着劳动的增加而增加了。18世纪法国重农学派后期代表人物杜尔阁，对"土地报酬递减"的内涵进行了详细的表述。1815年英国威斯特在其《资本用于土地》一书中，首次正式提出"土地报酬递减规律"，此后西方经济学家以英国的马歇尔、美国克拉克、萨缪尔森、德国奥多尔·布林克曼等著作作为代表，对这一规律作了进一步的解释或拓展。虽然对这一理论的表述和认识曾有过争议，但是"土地报酬递减规律"是客观存在的。

土地的生产过程是受多种生产要素影响的，为了更加清晰地揭示土地报酬变化情况，人们常把其他生产要素固定在某种水平上，而只研究其中一种生产要素与总产量的关系。这时，这种关系的函数表达式为：

$$Y = \delta(X_i) \tag{16}$$

式中，Y—总产量，δ—新的函数关系，X_i—某一生产要素的投入量。

以上函数式表明：当某一变动生产要素的投入量为 X 时，所生产出的产量为 Y，通过这一函数是可以表示出生产要素的平均生产量（APP）和边际生产量（MPP）以及生产弹性（EPP），计算方法如下：

APP（平均产量）= Y/X，表示平均每单位生产要素所生产出来的产量。

MPP（边际产量）= △Y/△X，其中△X 表示变动生产要素的增加量；△Y 表示在相应的情况下总产量的增加量，二者之比表示每增加一单位某种生产要素所增加的总产量。

EPP（生产弹性）= MPP/APP，它表示报酬的变化强弱及变化方向。

第三章

城市土地集约利用评价的机制及模型

第一节 城市土地集约利用动因之一聚集效应

聚集效应是经济学中普遍存在的规律。一般是指经济活动在空间上的相对集中，使得经济活动更加节约成本费用，提高效率，增加效益。同样适用于城市土地资源集约利用的研究。

城市作为一个"经济景观"，是社会经济活动空间聚集的结果，是空间经济体系格局的最高表现，是一定地域中各种市场力量相互交织在一起的大规模集中而形成的必然结果。一定地域的集中从土地资源利用角度便是各种力量在城市土地上的集中，是城市土地空间的聚集利用，是资金、物质、人力、技术、社会等各个方面在一定面积土地上的聚集。合理适度的聚集就是城市土地集约利用。城市土地集约利用首先是一个经济现象，是人类社会发展到一定阶段对城市土地利用的必然要求，它是城市土地供给的稀缺性和聚集效应的必然结果。之所以会出现土地聚集和集约利用，根本的动因之一是聚集效应的存在。城市土地的聚集效应对城市的形成、城市的规模、城市用地结构、城市利用强度、城市的扩展等多方面都有着深远的影响。聚集效应是城市土地集约利用的主要经济动力，聚集效应使城市土地集约利用成为可能。

一 聚集效应的基本理论分析

聚集效应具有十分广泛的意义，且是一个相对的概念。就其本质而言，则是聚集与分散两方面效应的矛盾与统一。聚集与分散实际上是城市产生和发展、城市区域经济和空间经济分布的一对永远矛盾的统一体。在此概念之下，对应着几乎同一和对称的但内涵略微不同的几对概念。

规模经济和规模不经济：规模经济通常是指企业或厂商的内部规模。内部规模效益又称内部规模经济或聚集的内部性，主要是指单位企业或厂商因其生产规模的增加而产生的经济效益；规模不经济表现为过大的经济规模，导致各种成本和投入的增加，反而形成经济效益下降的现象。

聚集经济和聚集不经济：聚集经济又称聚集经济利益，一般是指因企业、居民的空间集中而带来的经济利益或成本节约。厂商或企业可带来外在规模或内在规模经济，消费者或居民的空间集中使市场需求规模扩大，并使人力资源更丰富，同时厂商的聚集也为居民提供了多样化的产品和众多的择业机会。从投入产出的角度看，聚集经济不仅改变了通常意义上的技术约束和经济约束，而且也改变了经济活动的市场约束。整个城市经济的扩大会形成规模经济，不仅限于特定的产业和企业，而且与整个城市的所有活动有关，使城市内所有的企业和居民受益，从而吸引更多的活动主体向城市集中。

聚集不经济，一般指空间聚集在为居民、企业乃至整个城市经济带来聚集利益的同时，也会产生各种各样的额外费用，即聚集成本。聚集经济形成了向城市空间聚集的吸引力，而聚集不经济则产生排斥力。聚集不经济产生的原因大致有以下几个方面：因聚集而引起的拥挤成本；因聚集而产生负的外部性；因聚集而引起的要素投入成本的上升；因聚集而导致"交易成本"的增加；聚集不经济通过削弱聚集经济的力量，降低了空间聚集的整体经济效果，即削弱了聚集利益，从而减弱了聚集利益对厂商、居民的吸引力，进而影响城市聚集规模的膨胀。

内部规模效益：内部规模效益就是企业的内部规模经济，也就是前述的聚集的内部性经济。当某个企业的单位生产成本随着该企业规模扩大而减少时，就产生了内部规模效益。

地区化聚集效益：地区化聚集效益又称地区化经济。当某种行业企业的生产成本随该行业的总产出增加而减少时，那么地区化经济也就产生了。或者说，所谓地区化经济是指某行业企业在特定城市区域范围内因整个行业的聚集规模的扩大而产生的成本节约。地区化经济的基础是企业聚集的外部性，是典型的外部经济，只有通过同种行业的一个企业群的共同参与才能实现。

城市化经济：当某单个企业生产成本随所在城市地区总产出的增加而减少时，那么城市化经济就产生了。城市化经济是指因整个城市地区产出的扩大而带来的成本的节约，它是整个城市经济的扩大而形成的规模经济，产生于整个城市的聚集规模，与整个城市的所有活动有关，而不限定于特定的企业和产业。

二 城市土地集约利用与聚集效益

内部规模效益促使地块利用集约度增强。单一地块的集约利用是生产规模化效益的表现。投入规模化导致规模效益、土地收益、土地竞标地租支付能力增大，从而使土地价格升高，对特定地块产业用途的选择要求随之升高。总之，土地规模效益的增加，直接导致土地投入及投入产出比增大，土地集约利用强度增大。地区化聚集效益促使特定产业区域利用集约度增强。具有相同性质、互为补偿、互相服务、互无干扰和影响的一类产业通常会自然集中，形成特定地域内或功能区域内产业聚集，由于不同功能区产业聚集的特点不同，构成不同产业地区化效果不同。并依据聚集规模大小的不同，决定该区域特定的土地利用强度。如工业、住宅、办公，不仅它们之间可具有不同的利用强度特征，而且同一种用途不同区位也具有不同强度特征。由此也可见城市土地集约程度和集约结构与城市的产业结构和布局密切相关。都市化效益促使城市区域土地利用集约度增强。广阔的土地上，人类最初始的活动是分散进行的，对土地的利用呈现粗放形式。当由于农业产品出现剩余，手工业从农业中分离，导致集市及城市出现时，城市的聚集就开始产生了。巨大成本节约效益、巨大的投资乘数效益和巨大的聚集效益，导致产业的聚集、人口的聚集和各种基础设施与服务设施的聚集，一定的土地利用形态上，则直接表现为一定区域范围的城市土地上凝结的资本、物质、人力和技术等投入要素和水平不断提高，同时还表现为土地利用密度增加和土地收入的增加。这些特征即是城市土地集约利用的明显特征。更加表现出土地集约利用的真谛：土地投入的最佳化和土地效益的最佳化。资源不是粗放、高消耗的使用，而是节约、低耗费的使用。城市土地的集约首先出现在聚集效益最高的区域，因此，规模大的城市，土地集约利用程度高；城市经济发展程度高，经济结构层次高，产业结构先进的城市，其土地集约利用程度高。

从以上分析可知，城市土地集约利用的本质已经和农业土地集约利用本质截然不同。从根本上说，农业用地的粗放与集约利用仅是对某特定地块的生产直接投入，它几乎不存在土地的聚集效应，造成单位土地的产出在某一地域，如果没有农业生物技术的改良，同一农业品种的土地产出相差不会太大，多数处于一个水平级上。但不同的城市，城市土地的单位产出几乎不具可比性，它与各个城市经济实力和综合实力有着直接的联系。而这种实力的本源正出自城市的聚集效益。因此，有这样的规律：城市聚集效益越高，城市综合实力越强，城市土地集约程度就越高，单位面积土地产出越高，人均用地水平越低。这就从理论上解释了为什么大城市人均城市用地总是低于小城市的人均用地水平。因为大城市本身就是由于其聚集效益的增加而不断规模扩张的。

城市土地利用集约程度共同决定个别地块的开发建设规模和强度，就该地块的利用系统而言是内生变量。所以，该内生变量的变化导致地块规模开发利用的决定。对特定用途区域土地的利用而言，个别地块和用途区域的开发建设规模和强度均是该用途区域利用系统的内生变量。对城市区域的土地利用而言，城市土地利用系统的内生变量则有个别地块、用途区域及城市区域的开发建设规模和强度三种。此内生变量的变化将导致一定用途区域或城市区域的土地利用规模和开发规模呈现特定的状态。同样道理，反过来，对个别地块而言，用途区域和城市区域的聚集能力则是个别地块的外生变量；用途区域的外生变量则只是城市区域聚集能力。生产规模效益、地区化效益和都市效益密切相关，在一定的发展状态下，它们的共同影响作用将形成一定的土地集约利用形态和格局。

三 城市土地集约利用与聚集不经济

聚集效益使土地集约利用成为必然，聚集效益越大，土地集约度越高。然而，由于聚集不经济的存在，致使土地的集约不会呈现无限扩张趋势。过度的聚集，产生聚集不经济，表现在一定空间土地的过度使用，效益递减，于是导致空间的分散，又会形成新的经济增长点。

聚集不经济的主要表现是：道路拥挤、基础设施供应不足，人均住宅面积减少，土地价格上升，绿化面积减少，采光与通风不足，生态环境和生活质量变差，城市拥挤成本显著增加。这些表现归根结底，其本质还在于土地资源的利用上。聚集直接导致土地需求的增加，土地密度的增大，最终产生土地利用空间的不足，土地利用效果的下降，土地资源过度使用，城市土地出现过度集约。当出现聚集不经济和土地过度集约时，就要考虑对区域土地资源如何重新进行有效配置，使土地集约程度再上一个台阶。实现土地利用集约度的动态螺旋上升发展趋势。

聚集经济与聚集不经济的界限其实是非常模糊、难以判断和确定的，虽然理论上总是存在这样的界限。根据边际收益递减原理，可以说明投入变化对聚集效益量的动态影响。随着投入的增加，收入不断递增，但当投入超过一定程度时，收益开始递减，最终甚至出现总产量减少的现象。

第二节 城市土地集约利用动因之二要素替代

聚集效益存在，导致各种生产和生活的活动在某一特定地域的聚集，最终自然是土地供不应求，土地价格上涨。为了继续获取聚集经济，在聚集区域取得一块土地，最经济的做法是进行非土地投入的要素替代，减少土地用量，增加资本、技术、劳力的投入，即提高土地集约度。

一 住宅用地的要素替代

住宅对区位的选择是为了谋求最大效用。因为住宅是不能移动的，所以住宅的选择是与区位的选择相联系的。住宅竞租函数表示住宅生产者愿意为城市中不同区位的土地支付多少租金，根据剩余原则，住宅生产者愿意支付的地租等于总收入减去总成本。有两种类型的住宅竞租函数：一类是在用固定要素比率生产住宅的条件下发生的；另一类则是住宅公司采用要素替代条件下发生的。

用固定要素比率生产住宅的竞租函数假定每个公司使用土地和其他投入生产 UQ 数量的住宅。每幢建筑的大量土地投入为 K，非土地成本在各个区位都是相同的。总收入等于住宅价格 P 乘以 Q，总成本等于非土地成本 K 加上土地成本 RT，T 为用地面积。由于 P 随离市中心的距离 u 而变化，故土地竞租函数 R（u）为

$$R(u) = \frac{P_{25} + P_{30} + \cdots + P_{50} + P_{60}}{\frac{1}{5}(P_{23} + P_{24} + P_{25} + \cdots + P_{60} + P_{61} + P_{62})} \times 100 \quad (17)$$

采用要素替代的竞租函数一般来说，当土地价格增加时，灵活的住宅公司就会用更多的非土地投入去替代土地。因而越接近市中心区，建筑物的高度逐渐加高。在住宅用地租金的分析中需要注意几点：1. 住宅竞租函数依赖于住宅价格函数，由于住宅价格函数的斜率为负值，故住宅竞租

函数的斜率也为负值。2. 住宅消费依赖于住宅价格，家庭遵循这一需求规律。当住宅价格升高时，会减少其需求量。当家庭迁往市中心区，将会支付更高的房价，所以将占据更小的居住空间。当住房的相对价格增加时，家庭将会用非住房商品消费来代替住房消费。由于存在这种消费者替代，所以住房价格函数是凸函数。同样，由于存在消费者替代和要素替代，故住宅竞租函数也是凸函数。3. 住宅用地的租金梯度取决于住房价格梯度和住房生产中土地的相对重要性。

它们之间的关系可用公式表示如下：

$$租金梯度 = \frac{住房价格梯度}{住房价值中的土地份额} \qquad (18)$$

城市居民的收入分异现象是形成住宅分异现象的重要原因之一。对不同的家庭，因为有不同的居住支出，使用不同的交通工具及每月往返市中心的次数不同，因而存在着不同起点和不同斜率的住宅竞租函数。

由此可见，如果没有要素替代，则消费者在城市的任何地方均居住同样面积的房屋，消费同样的物品，人口密度也相同。但若发生消费替代，当距离市中心越近、租金越高时，在一定的收入约束下，居民总是想办法进行消费替代：减少居住面积，即减少土地消费，增加非住房消费，实行消费要素替代。显然，城市中心区域居住面积减少，造成人口密度增大，单位面积的其他消费增加，土地面积的集约度也增加。由于消费替代，可以知道，越靠近市中心，租金越高地段，土地替代消费越多，单位面积土地上非土地消费越多，居住密度越大，单位土地上利用强度越大。同时顾及市中心聚集效益的直接影响，即随着距离城市中心的由远而近，土地利用集约度越高。

二 工业用地的要素替代

假设投入成本在整个城市中是相同的，那么工业用地的区位选择是以接近市场地为基础的。企业的利润等于总收入减去投入成本、运输成本和地租，也等于产品价格乘以产品数量。

设 P 为产品价格；

B 为产品数量；

C 为非土地投入权威性成本；

u 为运距；

t 为单位运价；

R 为单位面积上的地租；

T 为企业占地面积，则企业的利润为 Π = PB − C − tBu − RT。

当 Π = 0 时，企业的竞租函数 R

$$R = \frac{PB - C - tBu}{T} \tag{19}$$

竞租函数表示企业愿意为城市中不同的生产地点支付多少租金。当土地价格增加时，企业将采取要素替代策略，即用更多的非土地投入（资金和劳力）来代替土地投入，以便生产相同数量的产品。要素替代的结果将使竞租函数由线性函数变为凸函数。即随着距市中心距离的增加，竞标地租直线减少。竞标地租边际曲线为线性的，竞标地租函数为线性函数。但当地租由远而近不断增加时，一般规律，企业总是想办法进行要素替代，减少对土地的利用面积，增加非土地投入成本，实行边际要素替代，用便宜的成本替代价格高昂的成本，以使其总成本减少，扩大其收益能力。某种意义上说，就是通过非土地成本的投入，以扩大其支付地租的能力。因此，土地竞标地租曲线因要素替代由直线变为凸向原点的曲线，亦即工业竞标函数具有凸性。

三 办公用地的要素替代

办公业虽然提供多种多样的商品和服务，但所有的办公业都具有两个重要特征。第一，它们收集、加工和分发信息。第二，在信息收集、加工和分发中，办公人员依赖于面对面的接触。因而办公业人员的旅行成本成为影响其利润的一个重要因素。假设企业的客户一般集中于市中心区，办公业的旅行成本等于办公人员在办公室与客户之间旅行的机会成本。假设办公人员步行一个街区需花费 t 分钟，每分钟的工资为 w，办公楼离市中心 u 个街区，如果办公企业每月提供 A 次协调机会，则离市中心为 u 个街区的办公企业的月旅行成本等于 twAu。办公企业的总利润就等于总收入减去非土地投入的成本、土地成本和旅行成本。

若直辖市一次的价格为 P；

单位地租为 R；

用地面积为 T；

非土地投入成本为 C；

则总利润为 Π = PA − C − RT − twAu

当 Π = 0 时，企业的竞租函数为 R

$$R = \frac{PA - C - twAu}{T} \tag{20}$$

竞租函数表示办公业将为不同的办公地点而愿意支付多少租金。同样,当土地价格增加时,他们便用更多的非土地投入来替代相对昂贵的土地。即离市中心越近,办公楼建得越高,要素替代的结果则使竞租函数由线性函数变为凸函数。

考虑要素替代,当咨询机构接近市中心时,就用非土地投入(资本和劳力)替代相对昂贵的土地费用。换句话说,市中心附近的咨询机构总是安置在占地面积较小的高层办公楼内,这就是为什么市中心区域总是高楼林立的原因。由于要素替代,同样租金函数为凸函数,租金函数曲线为凸向市中心的减函数曲线。

四 土地经济研究与要素替代

长久以来,土地的研究一直是经济学家关注的重要领域。亚当·斯密在其著名的《国富论》第一篇中,用超过 2/5 的篇幅讨论地租。李嘉图的价格理论中,土地是关键,他的《政治经济学与税赋原理》中的很大篇幅用来讨论地租、地租税、土地税以及斯密和马尔萨斯的有关地租观点。

但现在西方有一些经济学家认为,在当今的经济学研究中,关于土地和地租的研究已经几乎消失,并认为有关土地的传统理论与现实不符。传统理论认为,城市的扩张会导致失去土地价值上涨惊人。当人口上升以及农地被开发时,所有土地租金的价值以及土地存量的价值相对于国民财富被认为会上升。但是,与这种预言相反,目前许多国外市区的中心地带衰退了,这些中心地带的土地价值也在下降。

所以,与其说通过土地所在财富比例的减少证明土地及其研究的重要性下降程度,不如说明随着经济的发展和技术、人力资源的价值提升,土地上的资本、技术和人力的投入不断提高土地资源的替代现象不断增强,土地集约利用的空间日益扩大,土地集约经营利用的潜力不断提高。土地本身仅是一种稀缺资源,它的利用和配置是通过人类各项经济和社会活动加以完成的。

第三节 城市土地集约利用评价模型及体系

一 集约度模型

集约度模型应用于城市土地集约利用总体潜力评价。考虑到城市土地集约利用的影响因素多，参评指标多样，为了加强评价的可操作性，采用协调度模型求算术和后进行评价。

1. 功效函数设评价指标变量为 U_i（$i=1, 2, 3, \cdots, n$），其值为 x_i（$i=1, 2, 3, \cdots, n$），a_i、b_i 为系统稳定临界点上指标的上下限。综合评价指标变量对系统有序的功效可表示为式：

$$U_{A(ui)} = \begin{cases} \dfrac{x_i - b_i}{a_i - b_i} \\ \dfrac{b_i - x_i}{b_i - a_i} \end{cases} \qquad (21)$$

式中，$U_{A(ui)}$ 为指标 ui 对系统有序的功效，A 为系统的稳定区域。

2. 集约度函数可用线性加权法对每一个指标功效配以权重系数 W_i，则集约度函数表示为：

$$C = W_1 U_{A(u_1)} + W_2 U_{A(u_2)} + \cdots W_n U_{A(u_n)} = \sum_{i=1}^{n} W_i U_{A(u_i)} \qquad (22)$$

式中，$\sum_{i=1}^{n} W_i = 1$

此理论认为：集约度 C 介于 0—1 之间，当 C≥0.8 时，集约度极大，城市土地开发利用系统高度集约；当 0.6≤C<0.8 时，土地利用系统比较集约；当 0.5≤C<0.6，土地利用系统基本集约；当 0.4≤C<0.5 时，土地利用系统不太集约；当 0.2≤C<0.4 时，土地利用系统处于不集约状态；当 C<0.2 时，土地利用系统处于极不集约状态。

二 总分值—极限修正模型

SV-LAM 构建在城市土地利用中，由于考虑各种用地的空间分布和时间变化，需要对集约度、粗放度模型进行修订。在城市土地利用的多维空间内，有两种情况。

1. 静态（只考虑空间维，不考虑时间维）。以土地利用现状为基数，以评价标准的合理值为增加值，则集约度的表达为：某一土地利用的集约度是指在城市土地利用系统总功能中，由于科学技术因素使得该资源的利用效率的提高引起总功能的增加所占的比重，即其对系统总功能的贡献率。粗放度的表达为：某一土地利用的粗放度是指在城市土地利用系统总功能中，由于其数量的增加引起总功能的增加所占的比重，即其对总功能的贡献率。综合集约度和综合粗放度表达为：城市土地利用系统的综合集约度、综合粗放度等于各子系统集约度、粗放度的加权平均值。静态集约度、粗放度主要是进行城市内部的横向比较。

2. 动态（同时考虑时间维和空间维）。计算研究时段期初和期末（也可分年度）的静态集约度、粗放度和综合集约度、综合粗放度，则期末值与期初值之比就是集约度、粗放度的变化率。依次表征土地利用的时空动态变化特征。动态集约度、粗放度主要是进行城市内部空间和时间变化的比较。

依据上述思想，建立总分值—极限修正模型（Synthetically Value - limit Adjustive Model，SV - LAM）。其模型中的总分值就是城市土地利用功能系统的功能效率，极限值则是评价指标的标准值或合理值，当系统功能中的一项或多项因素受到限制时，其综合集约度就会受到影响而降低。其的计算公式为：

$$\lambda = \sqrt{\sum_{i=1}^{n} \beta_i S_i^2} \times 100 \tag{23}$$

$$S_i = \frac{t_i - a_i}{t_i + a_i} \tag{24}$$

式中，β_i 为第 I 项指标的权重，$0 \leq \beta \leq 1$，所有指标的权重和为 1；

S_i 为第 I 个影响因子的分值；

t_i 为标准值或合理值；

a_i 为 I 因素的实际值。计算方法见表 12。

表 12　　　　　　　　评价指标计算表

指标项（I）	实际值（a）	合理值（t）	分值（s）
指标 1	a_1	t_1	s_1
指标 2	a_2	t_2	s_2
指标 3	a_3	t_3	s_3

续表

指标项（I）	实际值（a）	合理值（t）	分值（s）
.	.	.	.
指标 I	a_i	t_i	s_i
.	.	.	.
指标 n	a_n	t_n	s_n

SV – LAM 实现过程：

第一步：选择影响因素；

第二步：确定各影响因素权重，通过层次分析法或特尔斐法（Delphi）计算；

第三步：计算各因素的分值，点、线状要素通过 buffer 计算，面状的通过区域赋值计算；

第四步：确定参与计算指标标准值和合理值；

第五步：建立评价单元，采用矢量格网法；

第六步：将因素分值分配到各个评价单元，在 GIS 中通过叠加、赋值、合并计算出每个单元的各影响因素的分值。

第七步：计算各评价单元综合分值（集约度分值）；

第八步：划分集约度等级。

三 用地面积潜力测算模型—密度/容积率模型

提高城市建筑密度和容积率，尤其是提高城市建筑容积率，是城市内部挖潜，解决城市经济高速发展与保持耕地总量平衡的有效途径之一，计算模型为：

$$S = S_1(P_2 - P_1)/P_2 \tag{25}$$

式中，S 为土地利用潜力；

S_1 为现状土地面积；

P_1 为现状容积率；

P_2 为期望容积率。

四 用地效益潜力测算模型

经济产出

$$P = P_1 \times \Delta S \tag{26}$$

式中，P 为经济产出潜力；
P_1 为单位面积平均利税（利润）；
ΔS 为用地面积潜力。

土地资产潜力

$$P = P_1 \times \Delta S \times \Delta I \tag{27}$$

式中，P 为土地资产潜力；
P_1 为单位面积平均地价；
ΔS 为用地面积潜力；
ΔI 为容积率变化系数。

五 理想值修正模型

样地集约利用评价的思路是：以理想潜力为基础，由高到低多级控制，逐级修正，分值转换，计算潜力。计算模型为：

$$C = 100 \times [1 - (U + D + F + f)/100] \tag{28}$$

式中，C 为潜力分值；
U 为土地用途修正分；
F 为建筑容积率修正分；
F 为其他指标修正分。

用地面积潜力测算模型、用地效益潜力测算模型以及样地潜力评价模型是在多年研究的基础上，经过总结推导得出的，已得到国土资源部及项目验收组专家的肯定。

六 宏观评价体系

首先确定指标合理值，然后为了使各项指标的数据具有可比性，应将原始数据无量纲化并压缩在 [0，1] 区间之内。采用比重法对指标原始值进行标准化，如公式 3-13。设有 m 个定量评价指标 X_1，X_2，X_3，…，X_m 且已取得 n 个参评对象，上述指标的数据 X_{ij}（i = 1, 2, 3, …, n; j = 1, 2, 3, …, m）为原始数据矩阵。在同一指标下，计算参评对象的取值占全部参评对象取值之和的比重，同时视为该指标某一可能结果对应的概率值。

$$P_{ij} = \frac{X_{ij}}{\sum_{i=1}^{n}} \tag{29}$$

式中，P_{ij}为标准化后所得值；

X_{ij}为评价指标实际值，$i = 1, 2, \cdots, n, j = 1, 2, \cdots, m$。

其次，计算参评指标熵值 $H(X_j)$。

$$H(X_j) = -k \sum_{i=1}^{n} P_{ij} \ln P_{ij} \tag{30}$$

$j = 1, 2, \cdots, m$。

为计算方便，上式取自然对数，其中，调节系数 $k = 1/\ln m > 0$；

再次，计算指标的差异系数（h_j）。第 j 项参评指标差异系数定义为：

$$h_j = 1 - H(X_j) \tag{31}$$

$j = 1, 2, \cdots, m$。

最后，确定参评指标权重系数。

$$d_j = \frac{h_j}{\sum_{i=1}^{n} h_j} \tag{32}$$

$j = 1, 2, \cdots, m$。

计算指标层和准则层权重，并将二者相乘得到组合权重。然后组合权重与指标分值相乘得到指标分值，不同准则层的指标分值相加得到准则层得分，4 个准则层得分相加最后得出土地集约利用地分值。城市土地集约利用水平取值范围为 $\lambda \in [0, 1]$，当 $\lambda = 0$ 时，城市土地集约利用处于最不成熟状态，集约利用水平最低；而当 $\lambda = 1$ 时，则城市土地集约利用达到理想状态，集约利用水平最高。

第四章

城市土地集约利用评价体系构建

第一节 城市土地集约利用评价的指导思想

以城市土地集约利用内涵界定为基础,以市场化、现代化、可持续发展为目标,以合理、合法、高效为出发点。指标体系一方面要反映城市土地集约利用的共性,另一方面要体现研究区的城市土地利用的特征。城市土地集约利用设计的指标体系的共性主要包括两个方面。

一是评价指标体系应与不同城市土地集约利用潜力评价的各个层次的空间范围相对应,由于影响各个层次土地集约利用的主要因素有所差异,评价的侧重点也就有所差别,其评价指标体系繁简不同。对于总体评价而言,既涉及城市发展的区域分异趋势和扩张潜力,也与城市土地功能的区域分工、用地结构有关,当然还包括对土地的投入能力和产出效益;地块组合分布构成的潜力区的评价则主要是在用地结构合理与否的基础上,对该潜力区内土地的投入和产出进行分析和评价;微观层次的评价则完全是对某一地块进行利用强度方面的评价,主要从影响地块合理容积率高低的因素入手,测算地块合理的可允许最大容积率。即指标体系应分别根据城市总体、潜力区和地块三个不同空间层次土地集约利用特征进行设计。

二是评价指标体系与集约利用的内涵保持一致,对于不同层次空间范围的评价,三个方面指标选择的侧重点有所不同,如城市土地宏观评价的指标体系应比较全面,潜力评价的指标体系应着重反映土地的投入与产出方面,如土地利用率、土地生产率等经济效益的指标,而中微观评价指标体系重点应是反映集约利用程度方面的指标。

第二节 城市土地集约利用评价目标和内容

评价是对已经完成的、正在进行的或将被提出的活动或过程的价值、优缺点、品质做出判断。城市土地集约利用是土地合理利用的最高境界，也是一个无止境的不断变化的动态过程。因而，不断提高城市土地利用集约度，提高城市土地利用效率，改善城市土地生态环境，是土地资源合理配置的永远目标。土地集约利用评价是帮助和促进实现这一目标的重要手段[32—37]。为此，城市土地集约利用的评价内容主要表现在以下几个方面：

1. 通过城市土地集约利用评价，应调查城市土地利用状况及利用特点；调查土地利用结构、土地利用效益和强度现状，为土地利用结构优化与土地集约利用模式的选择提供决策依据；为城市土地利用相关研究提供充足的基础资料。

2. 通过城市土地集约利用评价，可从不同层面分析集约利用潜力，为充分挖掘城市存量土地供给潜力提供决策依据；在城市新增建设用地预测的基础上，为统筹配置城市建设用地增量与存量潜力提供参考。

3. 通过城市土地集约利用评价，由不同地区类似城市及同一地区不同级别的城市纵向、横向对比，研究制定城市用地有关控制标准，回答城市土地是否处于集约利用还是粗放利用状态。通过有关用地控制标准的研究，为城市总体规划、土地利用总体规划编制与修编提供依据，可以实现其真正的指导意义。

4. 通过城市土地集约利用率评价，为政府制定城市土地集约利用政策法规、措施、合理的运作程序提供依据。包括近远期的操作建议，城市土地集约利用潜力评价不能为评价而评价，最重要的是要为城市土地管理提供依据，为城市土地利用配置提供决策咨询。

第三节 城市土地集约利用评价体系的构建

一 城市土地集约利用评价指标的特征

城市土地利用是一个多层次、多目标的体系，城市土地是否集约利用体现的是经济系统、资源系统、环境系统、社会系统等多方面效益的均衡。要表现这样的多维矢量，必须运用一套指标体系。城市土地集约利用评价指标体系，是直接反映城市土地集约利用目标、内容、程度等不同属性特征的指标（可度量参数）按隶属关系和层次原则组成的有序集合。

二 城市土地集约利用评价体系确立的原则

城市土地集约利用评价指标体系必须具备解释功能及评价功能。在具体操作中，不仅要对评价指标体系中各要素现状进行静态评价，而且还需要对目前这种城市土地利用方式所导致的资源和生态变化、经济效益等方面的动态变化进行预测评价。所以在建立城市土地集约利用评价体系时，要遵循以下原则。

1. 综合性原则

所选择的评价方法和指标应从多方面反映城市土地集约利用的内涵。城市土地集约利用的本质是在合理布局优化用地结构保持土地可持续发展的前提下，通过增加对存量土地的投入，提高城市土地的使用效率和经济效益。因此，指标体系的设计必须包括反映土地合理利用和可持续利用、城市土地投入、使用强度以及使用效率方面的内容。

2. 定性分析和定量分析相结合的原则

城市土地集约利用潜力评价应从定性分析入手，揭示其本质及内在联系，再用数学的方法进行定量分析尽量找出土地集约利用变化的趋势和规律，将各类影响因素量化，避免任意性。

3. 主导因素原则

重点分析对土地集约利用和挖潜起支配作用的主导因素，并将其作为土地使用潜力分类的重要依据。

4. 可操作性原则

评价方法与选用指标要简单明确，易于收集，统计口径一致，指标的独立性强，要尽量采用现有的统计数据、图件和土地部门所掌握的资料。

5. 区域差异性原则

城市发展的区域条件千差万别，指标的设计应考虑城市实际情况所选择的因素指标必须能反映城市内部的区域差异。因此，指标取值应在某一合理的区间，根据不同的发展阶段和区位条件，进行适当的调整。

三 城市土地集约利用评价指标体系的建立

城市土地集约利用程度在不同的空间层次上，参照的背景是不一样的，其成果的应用对象与技术方法也不尽相同。城市土地利用一般包括三个空间层次，即单个地块的土地利用、若干地块所构成的均质区域即所谓潜力区的土地利用以及城市总体的土地利用。因此，在不同的地域范围评价城市土地集约利用潜力时，应针对空间尺度的差异，即城市建成区、潜力区和地块三个不同的空间层次，选择相应的评价方法和设计相应的评价指标。

宏观层次总体评价指标体系宏观层次以整个城市作为评价对象，侧重从土地资源的开发投入强度、利用程度、产出效果及可持续利用状况等方面，评价建成区内土地总体的使用效率（见表13）。

表13　城市土地集约利用宏观评价指标体系

目标层	准则层	指标层
城市土地集约利用水平	投入强度	地均资产投入
		地均政府支出
		地均用电总量
	利用程度	综合容积率
		人口密度
		住宅销售率
	产出效果	地均生产总值
		地均财政收入
		地均消费零售额
	持续状况	人均绿地
		人均居住面积
		人均道路

首先，从土地集约利用的本意出发，即土地投入强度和利用程度设计相应的评价指标。这些指标可以分为两个方面：一是土地开发资金投入的强度，可选择的指标包括固定资产投入、基础设施投入及不同行业的投入指标。二是土地利用强度指标，这些指标包括容积率、人口密度、人均用地、土地闲置率及商品房空置率等指标，这些指标除人口密度、人均用地是两个互相可以替代的指标外，其他指标分别从不同角度反映土地集约利用现状。

其次，从城市土地利用效益整体性出发，以市场化、现代化、可持续发展为目标设计相应的土地产出效果分析评价指标，可选用地均生产总值、地均财政收入、地均消费零售额等因素。

再次，从土地集约利用持续状况出发设计对应的指标体系。可选用人均公共绿地、人均道路广场、人均住房使用面积等方面。本次研究旨在从宏观层面对武威市土地集约利用情况进行分析。

中观层次潜力区评价指标体系中观层次以城市潜力区（片）为对象，侧重从城市用地的功能差异——居住区、工业区、商业服务区，评价不同潜力区土地的使用效率和潜力。

中观层次潜力区评价指标体系设计，侧重于集约利用程度的指标，且这些指标对于具体区域应有针对性。所谓针对性有两方面的含义：第一，选择的指标只反映具体潜力区的土地集约利用状况，指标参数也仅指具体潜力区的情况，一些影响全市集约利用整体状况的土地利用结构、土地资源配置机制等因素在总体评价指标体系中已得到体现，潜力区评价不再考虑。第二，对于商业、住宅、工业等不同类型功能区，反映土地集约利用状况的指标应有所不同，评价指标体系分商业、住宅、工业等不同类型分别设计指标体系。

商业区评价指标体系，商业区分为两种情况：一是以市场为核心的商业，商业用地基本上是市场用地；二是在市场基础上发展起来的中心商业区，这类商业区中的市场用地占有比较重的地位。

居住区评价指标体系，除考虑容积率、建筑密度和土地价格实现程度等共性指标外，还根据居住区的特征及居住区选择的重要影响因素进行考虑，如人口密区、绿地率等指标，充分反映人们对住宅区位选择偏好。

工业区评价指标体系主要选择直接反映土地集约利用程度的指标，容积率、建筑密度、地均工业产值、工业用地系数及土地价格实现程度（见表14）。

表14　　　　城市土地集约利用中观评价指标体系

目标层	准则层	指标层
城市土地集约利用水平	居住用地评价	基础设施完善度
		公共设施配套程度
		人均用地面积
		容积率

续表

目标层	准则层	指标层
城市土地集约利用水平	商业用地评价	建筑密度
		经济产出
		绿地率
		基准地价
		住宅销售率
	工业用地评价	地均工业产值
		工业用地系数
		土地价格实现程度
		建筑密度

微观层次评价指标体系微观层次以地块为评价对象，评价地块的土地的使用效率和建筑潜力。微观层次的评价主要选择建筑容积潜力、经济潜力和环境潜力三个指标。

第五章

武威城市土地集约利用评价分析

第一节 武威市自然经济概况

武威市地处甘肃省中部，河西走廊东端，位于东经101°49′—104°43′，北纬36°09′—39°27′之间。东北与内蒙古自治区毗邻，东南与白银、兰州两市相连，西北和张掖、金昌两地市接壤，西南紧靠青海省。地形南北长而东西窄，总面积3.3万平方千米。全市辖凉州区、民勤县、古浪县、天祝县一区三县。境内还有黄羊河农场、勤峰农场、石羊河林场、天祝种羊场、上方寺林场等国营农林牧场。总人口192.24万人，人口数在全省各地州市中居第七位，人口密度约为60人/平方千米。区内聚居着回、蒙、藏、土、满等38个少数民族。

武威市是典型的大陆性气候。年平均气温7.8度，降水量60—610毫米，蒸发量1400—3010毫米，日照时数2200—3030小时，无霜期85—165天。南部祁连山区，气候冷凉，降水丰富，林草丰茂，有利于发展林业和畜牧业，并出产高山细毛羊、白牦牛和羌活、秦艽、冬虫夏草、鹿茸、麝香、牛黄等驰名中外的中药材。中部平原绿洲区，地势平坦、土地肥沃，日照充足，农业发达，是全省和全国重要的粮、油、瓜果、蔬菜生产基地。北部荒漠区，出产滩羊、骆驼、红柳、发菜、沙米等几十种沙生动植物及甘草、麻黄草、锁阳等10多种中药材，资源开发前景广阔。

全市已形成以酿造、冶金、煤炭、建材、化工、纺织、制药、食品、粮油加工等行业为主的国有、集体、乡镇、私营、股份、"三资"等多种所有制并存的工业体系，现有各类企业2.9万多户，主要产品达2000多种。培育了一批名优新特产品，其中皇台系列酒等16个品牌获甘肃省名牌产品称号。

第二节 武威市土地利用现状与特点

一 武威市土地利用现状（见表15）

表15　　　　　　　　2012年武威市土地利用现状　　　　　　　　（公顷）

年份/指标	农用地	建设用地	未利用地
2012	1659890.33	56320.09	1535480.64

（一）农用地

根据2012年武威市土地利用变更调查数据，2012年全市共有农用地1659890.33公顷，占全市总面积的50.30%。

1. 耕地359563.53公顷，分别占全市总面积和农用地面积的10.90%和21.66%。其中水浇地226162.80公顷，占耕地面积的62.90%，主要分布在中部绿洲平原；旱地133360.43公顷，占耕地面积的37.09%。

2. 园地11080.64公顷，分别占全市总面积和农用地面积的0.34%和0.67%。园地中果园面积10929.3公顷，主要分布在凉州区。

3. 林地241420.05公顷，分别占全市总面积和农用地面积的7.32%和14.54%。其中有林地94062.76公顷，占林地面积的38.96%；灌木林地120537.55公顷，占林地面积的49.93%，疏林地18766.91公顷，占林地面积的7.77%；未成林造林地7722.07公顷，占林地面积的3.20%，迹地87.58公顷，占林地面积的0.04%；苗圃243.18公顷，占林地面积的0.10%。其分布由南部祁连山水源涵养林和北部荒漠区防风固沙林与中部平原农田防护林相配套，基本形成了"南护水源、中建绿洲、北防风沙"的格局。

4. 牧草地991502.74公顷，分别占全市总面积和农用地面积的30.05%和59.73%。其中天然草地963621.91公顷，占牧草地面积的97.19%；改良草地25933.42公顷，占牧草地面积的2.62%，主要分布在天祝县境内；人工草地1947.41公顷，占牧草地面积的0.20%，在各县区市均有一定量的分布。

5. 其他农用地56323.37公顷，分别占全市总面积和农用地面积的

1.71%和3.39%。其中畜禽饲养地19.51公顷,占其他农用地总面积的0.03%,农村道路11339.88公顷,占其他农用地总面积的20.13%;坑塘水面297.47公顷,占其他农用地总面积的0.53%;农田水利用地19346.00公顷,占其他农用地总面积的34.35%;田坎25270.34公顷,占44.87%;设施农用地和养殖水面为0。

(二) 建设用地

2012年全市共有建设用地56320.09公顷,占全市总面积的1.71%。

1. 居民点及工矿用地48318.55公顷,分别占全市总面积和建设用地的1.46%和85.79%。其中城市用地3034.53公顷,占居民点及工矿用地的6.28%。该类用地是指凉州区城区和区辖7镇(武南、黄羊、高坝、清源、永昌、双城、丰乐),民勤县5镇(城关、东湖、东坝、泉山、西渠)、古浪县3镇(古浪、大靖、土门),天祝县5镇(华藏寺、打柴沟、炭山岭、哈溪、安远)共21个城市建成区内的用地;农村居民点用地37562.19公顷,占居民点工矿用地的77.74%;独立工矿用地3377.86公顷,占居民点工矿用地的7.00%;盐田面积188.61公顷,占居民点工矿用地的0.40%,仅在民勤县有少量分布,特殊用地2178.69公顷,占居民点工矿用地的4.51%。

2. 交通运输用地5614.53公顷,分别占全市总面积和建设用地的0.20%和9.97%。其中铁路用地2194.38公顷,占交通运输用地的39.08%,公路用地3411.97公顷,占交通运输用地的60.77%;机场用地(指设在武威市境内的军用机场)86.71公顷,占交通运输用地的0.15%。

3. 水利设施用地2387.01公顷,分别占全市总面积和建设用地的0.07%和4.23%;其中水工建筑物用地面积308.00公顷,占水利设施用地的12.9%;其他为水库水面用地。

(三) 未利用地

2012年全市共有未利用地1535480.64公顷,占全市总面积的46.53%。

1. 未利用土地1511545.75公顷,分别占全市总面积和未利用土地的45.80%和98.44%。其中荒草地141600.75公顷,占未利用土地的9.37%;盐碱地113319.25公顷,占未利用土地的7.50%;沼泽地8211.37公顷,占未利用土地的0.54%;沙地860097.39公顷,占未利用土地的 56.90%；裸土地 30905.03 公顷，占未利用土地的 2.04%；裸岩、石砾地 357372.69 公顷，占未利用土地的 23.64%；其他未利用土地 39.28 公顷，占 0.002%。

2. 其他未利用地 23934.89 公顷，分别占全市总面积和未利用地的 0.73% 和 1.58%。其中滩涂 17162.51 公顷，占其他未利用地的 71.70%；苇地 10.27 公顷，占 0.04%；冰川及永久积雪面积 3841.33 公顷，占 16.05%。

二 武威市土地利用的特点

（一）城乡建设用地分布极不均衡

全市城乡建设用地分布极不均衡，凉州区在城市用地、建制镇用地和独立工矿用地方面呈现出绝对集中的极化现象。这只要是因为凉州区是全市的经济、政治、文化中心，全市大多数的城市人口、二三产产值和市政设施用地都集中于此。由此也可以看出凉州区已经成为区域经济发展的增长极。

（二）城市工矿用地由城市中心向四周辐射

城市工矿用地主要由城市中心向四周辐射，部分沿主干交通线布局。集中分布在凉州区、民勤县，另外，天祝县、古浪县也有部分城市用地。城市用地的主要布局特征是由上述县区中心向四周辐射，离县区中心城区愈近，区位优势大的地区，城市工矿用地就愈密集。此外，全市部分工矿用地集中分布在兰新铁路、国道 312、省道 308 交汇地带，以及省道 211 沿线。良好的交通区位能吸引较多的投资，从而促使工矿用地沿交通线分布。另外，天祝县南部、民勤县西部也有部分工矿用地。

（三）人均城市工矿用地过大，土地利用不够集约

2012 年武威市城市人口 57.98 万人，城市工矿（城市、建制镇和独立工矿用地面积）用地面积 8389.07 公顷，人均城市工矿用地面积 144.69 平方米，高于国家规定的 120 平方米的城市人均最高用地标准。

（四）农村居民点布局分散、结构松散

农村居民点布局分散、结构松散用地布局相对比较零散，建房无规划、地乱占、房乱建，"空心村"现象大量存在。2005 年农村人口 136.26 万人，农村居民点用地 37562.19 公顷，农村人均居民点用地 276 平方米，高于全省 239 平方米的平均水平，更远远高于全国 150 平方米最

高农村人均居民点用地标准。长期以来，武威市农村居民点用地缺少整体上的规划指导控制，为了便于农业生产，其建设长期处于农民的自发选择状态，自然村落普遍形成了"满天星"似的散落布局现象。形成农村居民点用地零散的局面。

第三节 武威市土地集约利用评价总体思路

城市土地集约利用评价可以从宏观、中观和微观三个层次进行评价，本研究中以宏观评价具体加以说明。宏观评价是对建成区内节约集约利用水平进行总体评价，其基本思路是建立集约化综合指数多目标综合评价模型，定量反映城市土地集约利用状况与合理集约利用状况的接近程度。

对区域内多个城市土地集约利用的评价，分别根据国家及地方相关标准、同类城市最高值或平均值标准、城市现代化指标标准、理想值标准及专家认同标准等方面确定各项指标的合理值。按照多目标决策方法和思路结合城市土地利用特征，建立评价模型，通过计算得到集约利用潜力综合分值，并根据计算结果进行级别划分。城市土地集约利用潜力研究整个城市在社会、经济等条件影响下，从整体表现土地集约利用的差异，其综合分值的排序是在各城市间排列的，反映一定区域范围内各城市之间土地集约利用程度的差异。利用综合分值可以定量地反映城市土地的集约利用状况，分值越高，城市土地利用程度越集约，城市土地开发潜力越小；分值越低，城市土地利用粗放，开发潜力大。也可以从各项指标定性描述中分析影响城市土地集约利用存在的问题，进一步提出合理的建议。

第四节 武威市土地集约利用宏观评价及结论

一 城市土地集约利用评价指标分析及合理值确定

（一）土地投入强度

指标 Z_1：地均资产投入，用单位面积的固定资产投入来表示。取近3年的平均值来从时间上动态地反映城市固定资产投入的情况，其计算公式为：

$$Z_1 = \sum_i^3 \frac{G_i}{M_i}/3 \quad (33)$$

式中，Z_1 为 2010—2012 年平均每年城市单位用地固定资产投入（万元/平方公里）；

G_i 为 2010—2012 年第 i 年固定资产投资额（万元）；

M_i 为 2010—2012 年第 i 年建成区土地面积（平方公里）。（见表 16）

表 16　　武威市 2010—2012 年平均单位用地固定资产投入

年份	全社会固定资产投入（万元）	建成区土地面积（平方公里）	单位面积固定资产投入（万元/平方公里）
2010	460336	24.64	18682.47
2011	642867	24.64	26090.38
2012	789244	24.64	32031.01
平均值			25601.29

由表 16 数据计算可得，武威市 2010—2012 年平均每年城市单位用地固定资产投入为每平方公里 25601.29 万元。单位用地固定资产投入集约利用合理值理论上分析应是土地边际投入等于边际产出时的投入值，低于这个值时，随着投入的增多，土地产出效率上升；超过这个值时，随着土地投入的增加，土地产出效率下降。但目前我国这方面缺乏实证研究数据，无法找到理论上的土地边际投入等于边际产出时的投入值，这里采用武威市单位面积固定资产投入与武威市直属县区固定资产投入平均值比较的方法确定。2012 年武威市单位用地固定资产投入为 32031.01 万元/平方公里，2010—2012 年武威市直属县区单位用地固定资产投入为 25601.29 万元/平方公里，两者平均值为 28816.15 万元/平方公里作为地均资产投入合理值，说明该市固定资产的投入强度还不够，有待于进一步加强。

指标 Z_2：地均财政支出，用武威市年财政支出总额与武威市市区土地面积之比。取近 3 年的平均值来从时间上动态地反映地均财政支出的情况，其计算公式为：

$$Z_2 = \sum_i^3 \frac{C_i}{M_i}/3 \quad (34)$$

式中，Z_2 为 2010—2012 年平均每年城市单位用地财政支出总额（万元/平方公里）；

C_i 为 2010—2012 年第 i 年财政支出总额（万元）；

M_i 为 2010—2012 年第 i 年建成区土地面积（平方公里）。（见表 17）

表 17　　武威市 2010—2012 年平均单位用地财政支出

年份	财政支出（万元）	建成区土地面积（平方公里）	地均财政支出（万元/平方公里）
2010	136544	24.64	5541.56
2011	170994	24.64	6939.69
2012	219790	24.64	8920.05
平均值			7133.77

由上述数据计算可得，武威市 2010—2012 年平均每年城市单位用地财政支出为每平方公里 7133.77 万元。地均财政支出反映了城市发展所需资金的投入，不同城市，所需财政支出不同；同一个城市不同发展阶段对财政的需求也各不相同。鉴于武威市城市快速发展的需要，这里采用 2012 年武威市单位面积财政支出与武威市直属县区的平均值比较的方法确定。其平均值为 8026.91 万元/平方公里，作为地均财政支出的合理值。说明该市还需要加大财政支出来满足城市社会经济的发展。

指标 Z_3：地均用电总量，用城市年用电总量于城市土地面积之比。取近 3 年的平均值来从时间上动态地反映地均用电总量的情况，其计算公式为：

$$Z_3 = \sum_i^3 \frac{D_i}{M_i} / 3 \tag{35}$$

式中，Z_3 为 2010—2012 年平均每年城市单位用地用电总量（万千瓦/平方公里）；

D_i 为 2010—2012 年第 i 年用电总量（万千瓦）；

M_i 为 2010—2012 年第 i 年建成区土地面积（平方公里）。（见表 18）

表 18　　武威市 2010—2012 年平均单位面积用电总量

年份	全年用电量（万千瓦）	建成区土地面积（平方公里）	地均用电总量（万千瓦/平方公里）
2010	95966.00	24.64	3894.72
2011	101906.48	24.64	4135.81
2012	110208.99	24.64	4472.77
平均值			4167.77

由上述数据计算可得，武威市 2010—2012 年平均单位面积用电总量为每平方公里 4167.77 万千瓦。这里同样采用 2012 年武威市单位面积用电总量与武威市直属县区的平均值比较的方法确定。其平均值为 4320.27 万千瓦/平方公里作为地均用电总量的合理值。

（二）土地利用程度分析

指标 S_1：土地闲置状况。土地闲置率的大小按城市土地闲置面积除以建成区面积计算，其公式为：

$$S_1 = \frac{M_1}{M_2} \tag{36}$$

式中，S_1 为土地闲置率（%）；

M_1 为建成区范围土地闲置面积（平方米）；

M_2 为建成区面积（平方米）。

到 2011 年底，城市规划区范围内闲置存量用地面积为 43.98 公顷，建成区面积为 24.64 平方公里，土地闲置率仅为 1.78%。在我国这样一个正处于发展中、城市开发建设频繁的国家，合理幅度内的土地闲置是市场经济的正当社会成本，只有超过合理幅度以外的闲置才违背集约利用的原则，因此应根据市场交易情况确定大于 0% 的集约利用合理值标准。经过国土资源部专家咨询调查，确定土地闲置率合理值为≤5%。

指标 S_2：人口密度。城市人口总数除以城市市区总用地面积。为了从时间上动态反映城市人口密度情况，取近 3 年的平均值计算，其公式为：

$$S_2 = \sum_{i}^{3} \frac{R_i}{M_i}/3 \tag{37}$$

式中，S_2 为 2010—2012 年平均每年城市单位面积人口数（人/平方公里）；

R_i 为 2010—2012 年第 i 年城市人口总数（万人）；

M_i 为 2010—2012 年第 i 年建成区土地面积（平方公里）。（见表 19）

表 19 武威市 2010—2012 年平均城市人口密度

年份	城市人口（万人）	建成区土地面积（平方公里）	城市人口密度（人/平方公里）
2004	30.22	24.64	12264.61
2005	30.22	24.64	12264.61
2006	30.79	24.64	12495.94
平均值			12341.72

第五章 武威城市土地集约利用评价分析

由上述数据计算可得，武威市2010—2012年平均城市人口密度为每平方公里12341.72人。2012年武威市城市人口密度与武威市直属县区城市人口密度平均值为12418.83人/平方公里，结合该市城市发展现状及规划，确定其3年平均人口密度处于城市人口密度的合理值之间。

指标S_3：商品房空置状况。在正常市场条件下，商品房市场中始终存在着空置现象，不同国家或地区存在着程度不同的商品房空置问题。目前中国房地产统计中的空置商品房，是指报告期末已竣工商品房屋的建筑面积中，尚未销售或出租的部分，包括以前年度竣工和本期竣工可供出售或出租而未售出或租出的商品房屋面积。商品房空置率是反映某一时点商品房空置程度的存量指标，国内采用当前商品房空置量与近3年商品房竣工量之比来计算，其公式为：

$$S_3 = \frac{M_i}{\sum_i^3 S_i} \times 100\% \quad (38)$$

式中，S_3为商品房空置率（%）；

M_1为计算年（2012年）商品房空置面积（万平方米）；

M_i为2010—2012年第i年商品房竣工面积（万平方米）。

按国内房屋空置率的计算方式，目前国内一般以10%作为空置率的警戒线，国家统计局专家认为，我国房地产业起步较晚，市场体系尚不完善，市场运行机制对房地产开发和流通的自我调节功能还没有充分显现出来，必将引起商品房空置偏高；加之我国城市化水平处在加速发展时期，对商品房的需求处于不稳定的增长阶段。考虑到武威市的实际情况，本次评价商品房空置率采用国内的计算公式及相关标准，确定商品房空置率集约利用合理值为8%—12%。（见表20）

表20　　　　　　　　武威市商品房空置率计算过程

年份	类型	总面积（万平方米）
2010	竣工	224889
2011	竣工	259516
2012	竣工	472011
总计	竣工	956416
2012	闲置	102300

根据以上数据计算，武威市商品房空闲置率为21.67%，超过了商品房合理的空置率。

（三）土地利用经济产出分析

指标T_1：地均生产总值。根据数据的可得性，单位面积生产总值指标评价取2010—2012年平均值，计算公式为：

$$T_1 = \sum_i^3 \frac{E_i}{M_i}/3 \qquad (39)$$

式中，T_1为2010—2012年城市单位面积生产总产值（万元/平方公里）；

E_i为2010—2012年第i年生产总产值（万元）；

M_i为2010—2012年第i年市区用地面积（平方公里）。（见表21）

表21　武威市2010—2012年平均单位面积生产总产值

年份	生产总值（万元）	建成区面积	单位面积生产总值
2010	1080217	24.64	43839.96
2011	1418113	24.64	57553.29
2012	1616228	24.64	65593.67
平均值			55662.31

由上述数据计算可得，武威市2010—2012年平均单位面积生产总产值55662.31万元/平方公里。这里采用2012年武威市单位面积生产总值与武威市直属县区单位面积生产总值的平均值比较的方法确定。其平均值为60627.99万元/平方公里作为地均生产总量的合理值。

指标T_2：地均财政收入。为了从时间上动态反映地均财政收入的情况，取近3年的平均值计算，计算公式为：

$$T_2 = \sum_i^3 \frac{C_i}{M_i}/3 \qquad (40)$$

式中，T_2为2010—2012年城市单位面积财政收入值（万元/平方公里）；

C_i为2010—2012年第i年财政收入值（万元）；

M_i为2010—2012年第i年市区用地面积（平方公里）。（见表22）

表 22　　　　武威市 2010—2012 年平均单位用地财政收入

年份	财政收入（万元）	建成区面积（平方公里）	地均财政收入（万元/平方公里）
2010	26720	24.64	1084.42
2011	25258	24.64	1025.08
2012	31304	24.64	1270.45
平均值			1126.65

上述数据计算可得，武威市 2010—2012 年平均单位面积财政收入为 1126.65 万元/平方公里。这里采用 2012 年武威市单位面积财政收入与武威市直属县区的平均值比较的方法确定。其平均值 1198.55 万元/平方公里作为地均财政收入合理值。

指标 T_3：地均商品零售额。单位面积社会消费品零售总额指标评价取 2010—2012 年三年平均值，计算公式为：

$$T_3 = \sum_{i}^{3} \frac{L_i}{M_i} / 3 \tag{41}$$

式中，T_3 为 2010—2012 年城市单位面积社会消费品零售总额（万元/平方公里）；

L_i 为 2010—2012 年第 i 年社会消费品零售总额（万元）；

M_i 为 2010—2012 年第 i 年建成区用地面积（平方公里）。（见表 23）

表 23　　　　武威市 2010—2012 年平均单位面积社会消费品总额

年份	社会消费品零售总额（万元）	建成区面积（平方公里）	单位面积社会消费品零售总额（万元/平方公里）
2010	265002	24.64	10754.95
2011	349005	24.64	14164.16
2012	400601	24.64	16258.16
平均值			13725.76

上述数据计算可得，武威市 2010—2012 年平均单位面积社会消费品零售额为 13725.76 万元/平方公里。这里采用 2012 年武威市单位面积社会消费品零售额与武威市直属县区的平均值比较的方法确定。其平均值 14991.96 万元/平方公里作为单位面积社会消费品零售额的合理值，由此武威市还未达到合理值的标准。

（四）土地利用可持续状况

指标 F_1：城市环境质量，通过人均公共绿地面积指标反映。其计算公式如下：

$$F_1 = \sum_{i}^{3} \frac{S_i}{R_i}/3 \qquad (42)$$

式中，F_1 为 2010—2012 年城市人均公共绿地面积（平方米）；

S_i 为 2010—2012 年第 i 年公共绿地面积（平方公里）；

R_i 为 2010—2012 年第 i 年城市人口（万人）。（见表 24）

表 24　　　　　武威市 2010—2012 年平均人均绿地面积

年份	公共绿地面积（平方公里）	城市人口（万人）	人均公共绿地面积（平方米）
2010	23840	193.11	14.40
2011	29290	189.38	14.12
2012	52600	189.52	12.28
平均值			13.59

上述数据计算可得，武威市 2010—2012 年平均人均公共绿地面积为 13.59 平方米。依据《城市用地分类标准与规划建设用地标准》中的标准规定，人均绿地指标不得小于 5 平方米/人，该市人均绿地面积已达到合理值。

基础设施水平。基础设施水平用人均道路状况反映，2012 年武威市城市年末实有铺装道路面积为 251 万平方米，人均道路用地面积为 5.53 平方米。人均道路面积评价标准主要根据城市规划标准及城市现代化标准确定。根据城市用地分类与规划建设用地标准（GBJ197—90）规定，规划人均道路广场用地为 7.0—15.0 平方米/人，而国际上现代化城市标准要求人均道路面积大于 25 平方米。

目前武威市人均道路面积仅为 5.53 平方米，远不足达到国标最低线。同时城市交通问题仍然比较突出，按国标的道路广场用地指标仍不能满足武威市城市经济发展带来大交通流量的需求，停车场地匮乏、交通拥挤和秩序混乱，由此仅达到我国城市规划规定的标准用发展的眼光看仍偏低。武威市的城市总体规划中主城区规划人均城市道路广场用地面积为 7.35 平方米。综合考虑，本次武威市集约利用潜力评价以武威市 2001 年修编的城市规划主城区确定的人均城市道路面积 7.35 平方米作为集约利用合理值。

指标 F_2：人均住房使用面积

$$F_2 = \sum_{i}^{3} P_i/3 \qquad (43)$$

式中，F_2 为 2010—2012 年城市人均住房使用面积（平方米）；

P_i 为 2010—2012 年第 i 年城市人均住房使用面积（平方米）。（见表 25）

表 25　　武威市 2010—2012 年平均人均住房使用面积

年份	人均住房使用面积
2010	21.45
2011	22.20
2012	22.80
平均值	22.15

上述数据计算可得，武威市 2010—2012 年平均人均住房使用面积为 22.15 平方米。这里采用 2006 年武威市人均住房使用面积与武威市直属县区人均住房使用面积的平均值比较的方法确定。其平均值 22.48 平方米作为人均住房使用面积合理值。

二　评价指标得分的计算

评价因子指标得值计算分两种情况：

第一种情况，当因子指标超过或低于集约利用合理值，都将对土地集约利用产生负效益，如人口密度指标，当人口密度过高时将导致城市拥挤，环境恶化等一系列问题。这类指标直接采用下列公式计算：

$$A_i = \frac{s_i - t_i}{s_i + t_i} \qquad (44)$$

式中，A_i 为 i 因子分值；

s_i 为 i 因子集约利用合理值；

t_i 为 i 因子指标实际值。

第二种情况，对于因子指标集约利用合理值是一个区间，如经济产出指标及环境指标，只限低值或高值，达到集约利用合理值的区间全部取 1，其他情况按上面的公式计算（见表 26）。

表 26　　　　　　　城市土地集约利用评价指标得值表

目标层	准则层	指标层	现状值（2010—2012年平均值）	合理值	合理值来源	指标得值
城市土地集约利用水平	投入强度	地均资产投入（万元/平方公里）	25601.29	28816.15	地区平均值	地区平均值
		地均财政支出（万元/平方公里）	7133.77	8026.91	地区平均值	0.0590
		地均用电总量（万千瓦/平方公里）	4167.77	4320.27	地区平均值	0.0180
	利用程度	土地闲置率（%）	1.78	5%	国家标准值	1
		人口密度（人/平方公里）	12341.72	12418.83	地区平均值	0.0031
		商品房空置率（%）	21.67%	8%—12%	国家标准值	-0.2872
	产出效果	地均生产总值（万元/平方公里）	55662.31	60627.99	地区平均值	0.0427
		地均财政收入（万元/平方公里）	1126.65	1198.55	地区平均值	0.0309
		地均消费零售额（万元/平方公里）	13725.76	14991.96	地区平均值	0.0441
	持续状况	人均公共绿地（平方米/人）	13.59	5	国家标准值	1
		人均道路面积（平方米/人）	5.53	7.35	规划确定值	0.1413
		人均住房使用面积（平方米/人）	22.15	22.48	地区平均值	0.0074

三　评价指标权重的计算

鉴于信息论中信息熵表示系统有序程度，一个系统有序程度越高则信息熵越小（反之亦然）。因此，可根据各项指标差异程度，利用信息熵计算相应层次指标权重，为综合评价提供依据。具体计算过程如下：

首先，对评价指标进行综合标准化：

为了使各项指标的数据具有可比性，应将原始数据无量纲化并压缩在[0, 1]区间之内。采用比重法对指标原始值进行标准化，如公式（45）。设有 m 个定量评价指标 X_1, X_2, X_3, …, X_m 且已取得 n 个参评对象上述指标的数据 X_{ij}（i = 1, 2, 3, …, n; j = 1, 2, 3, …, m）为原始数据矩阵。在同一指标下，计算参评对象的取值占全部参评对象取值之和的比重，同时视为该指标某一可能结果对应的概率值。

$$P_{ij} = \frac{X_{ij}}{\sum_{i=1}^{n} X_{ij}} \qquad (45)$$

式中，P_{ij}为标准化后所得值；

X_{ij}为评价指标实际值，$i=1, 2, \cdots, n$；$j=1, 2, \cdots, m$。

其次，计算参评指标熵值$H(X_j)$。

$$H(X_j) = -k \sum_{i=1}^{n} P_{ij} \ln P_{ij} \qquad (46)$$

$j=1, 2, \cdots, m$。

为计算方便，上式取自然对数，其中，调节系数$k = 1/\ln m > 0$；

再次，计算指标的差异系数（h_j）。第j项参评指标差异系数定义为：

$$h_j = 1 - H(X_j) \qquad (47)$$

$j=1, 2, \cdots, m$。

最后，确定参评指标权重系数。

$$d_j = \frac{h_j}{\sum_{i=1}^{n} h_j} \qquad (48)$$

$j=1, 2, \cdots, m$。

基于研究时段内各项指标的平均值，参考国土资源部信息中心《2005中国国土资源可持续发展研究报告》中城市土地集约利用宏观评价体系，按照公式（45）—公式（48）方法计算指标层和准则层权重，并将二者相乘得到组合权重（见表27）。

表27　　　城市土地集约利用评价指标体系各层指标权重

目标层	准则层权重	指标层权重		组合权重
城市土地集约利用水平	投入强度0.433	地均资产投入	0.3346	0.1449
		地均财政支出	0.4333	0.1876
		地均用电总量	0.2321	0.1005
	利用程度0.075	土地闲置率（%）	0.0787	0.0059
		人口密度	0.8907	0.0668
		商品房空置率（%）	0.0307	0.0023
	产出效果0.418	地均生产总值	0.2981	0.1246
		地均财政收入	0.4830	0.2019
		地均消费零售额	0.2189	0.0915
	持续状况0.074	人均公共绿地	0.4932	0.0365
		人均道路面积	0.0473	0.0035
		人均住房使用面积	0.4595	0.0340

就准则层指标权重而言，投入强度＞产出效果＞利用程度＞持续状况，这说明在城市土地集约利用综合评价中，投入强度和产出效果重要性最大，其次为利用程度，持续状况的重要性最小。而在投入强度、产出效果、利用程度、持续状况准则下，各项评价指标重要性排序分别为：地均财政支出＞地均资产投入＞地均用电总量，人口密度＞土地闲置率＞商品房空置率，地均财政收入＞地均生产总值＞地均消费零售额，人均公共绿地＞人均住房使用面积＞人均道路面积。

四 综合评价

基于上述评价指标得分和权重计算，利用综合指数模型（评价指标得分乘以相应层次的权重）计算土地集约利用各准则层（投入强度、利用程度、产出效果、持续状况）和目标层（城市土地集约利用水平）得分情况。以目标层为例，城市土地集约利用水平取值范围为 $\lambda \in [0, 1]$，当 $\lambda = 0$ 时，城市土地集约利用处于最不成熟状态，集约利用水平最低；而当 $\lambda = 1$ 时，则城市土地集约利用达到理想状态，集约利用水平最高（见表28）。

表28　　城市土地集约利用评价指标体系

目标层	准则层	指标层	指标得值	总体评价组合权重	指标分值
城市土地集约利用水平0.1161	投入强度0.0215	地均资产投入（万元/平方公里）	0.0591	0.1449	0.0086
		地均财政支出（万元/平方公里）	0.0590	0.1876	0.0111
		地均用电总量（万千瓦/平方公里）	0.0180	0.1005	0.0018
	利用程度0.0054	土地闲置率（%）	1	0.0059	0.0059
		人口密度（人/平方公里）	0.0031	0.0668	0.0002
		商品房空置率（%）	-0.2872	0.0023	-0.0007
	产出效果0.0519	地均生产总值（万元/平方公里）	0.0427	0.1246	0.0053
		地均财政收入（万元/平方公里）	0.0309	0.2019	0.0062
		地均消费零售额（万元/平方公里）	0.0441	0.0915	0.0404
	持续状况0.0373	人均公共绿地（平方米/人）	1	0.0365	0.0365
		人均道路面积（平方米/人）	0.1413	0.0035	0.0005
		人均住房使用面积（平方米/人）	0.0074	0.0340	0.0003

五 评价结论

本次武威市土地集约利用总体评价总共选择土地投入强度、土地利用程度、土地产出效果、土地持续利用状况4个方面12个指标。具体评价指标见表27。

通过表28数据计算，武威市目前城市总体土地集约利用水平为0.1161，一方面，说明目前土地集约利用程度较低，从另一个角度也说明了未来城市土地集约利用潜力较大。土地投入强度方面，主要由于地均财政收入不大，因此财政支出力度就不能满足其经济快速发展的需要，应加大对土地开发利用的经济投入和市政设施的投入；在城市土地利用程度方面，土地闲置指标在标准要求的范围内，但城市商品房空置率过高，人口密度过大。说明该市商品房供应出现供过于求的形势，应加大控制商品房开发数量，加强提高商品房开发质量，从而提高城市土地利用率；城市土地产出效果的高低，反映一个城市土地经济价值发挥作用的大小，从其地均生产总值和地均财政收入两项指标看，土地的经济产出不高，有待于加强管理，运用新技术提高开发利用经济价值潜力；因此，在注重经济效益的同时也要进一步加大人居环境的建设和生态环境的保护，这样才能达到城市土地开发利用的可持续状态。

第六章

城市土地集约利用的问题及对策

第一节 武威市城市土地集约利用的问题

土地投入强度不够，主要由于地均财政收入不大，因此财政支出力度就不能满足其经济快速发展的需要，应加大对土地开发利用的经济投入和市政设施的投入。

城市商品房空置率过高，人口密度过大。在城市土地利用程度方面，土地闲置指标在标准要求的范围内，但城市商品房空置率过高，人口密度过大。说明该市商品房供应出现供过于求的形势，应加大控制商品房开发数量，加强提高商品房开发质量，从而提高城市土地利用率。

城市土地产出效果的高低，反映一个城市土地经济价值发挥作用的大小，从其地均生产总值和地均财政收入两项指标看，土地的经济产出不高，有待于加强管理，运用新技术提高开发利用经济价值潜力。

城乡用地规模不断扩大，虽然耕地数量逐年减少的主要原因是农业内部用地结构调整和生态退耕，但目前城市发展外延式的扩张模式使得建设用地规模不断扩大，在建设用地仍以占用耕地为基础的情况下，城乡建设用地造成耕地减少的数量也是惊人的。

因此，在注重经济效益的同时也要进一步加大人居环境的建设和生态环境的保护，这样才能达到城市土地开发利用的可持续状态。

第二节　武威市城市土地集约利用的对策

一　加强土地利用总体规划引导控制

加强土地利用总体规划引导控制，并使之与其他部门规划相协调。土地利用总体规划是土地管理的"龙头"，对土地利用管理具有宏观控制和指导作用，土地利用总体规划的引导控制表现为对城乡用地规模的宏观控制功能、城市规划的微观优化功能与镇村规划的集中挖潜功能。要能够充分发挥规划的引导控制作用，就要科学编制土地利用总体规划，在规划编制中选用合适的预测方法来预测建设用地需求量，科学分配下达各项规划指标，加强土地利用规划的科学性和权威性；此外还要把土地利用规划与其他部门规划相衔接，各部门规划建设用地需求不能突破土地利用总体规划中的用地指标，城市规划、道路交通规划、产业空间规划与土地利用总体规划要相协调，建立协调统一、控制有力的规划调控体系。

二　统一的空间发展战略优化城乡用地布局

用统一的空间发展战略优化城乡用地布局，城乡用地空间布局优化应以科学发展观为指导，必须坚持统一的空间发展战略：区域协调，城乡协调，环境建设与经济发展协调，社会发展与经济发展协调的原则，从全市整体的角度制定空间发展策略，合理引导全市城市用地的扩张和农村居民点的布局优化。一方面，要控制城市用地的扩展，合理引导产业集聚，促进产业园区集中，严格控制违法圈地行为；另一方面，合理调整农村居民点布局，加强农村居民点的整理，通过用地调整促进城乡融合，还要按照新时期建设社会主义新农村的要求，重视农村的生态保护，改善农村生活生产条件，加快农村基础设施和社会服务设施建设配套，进而促进城乡用地布局优化。

三　推动"城乡挂钩政策"

推动"城乡挂钩政策"，缓解建设用地供需矛盾。"城乡挂钩政策"即指依据土地利用总体规划，将若干拟复垦为耕地的农村建设用地地块（即拆旧地块）和拟用于城市建设的地块（即建新地块）共同组成建新拆旧项目区，通过建新拆旧和土地复垦，最终实现项目区内建设用地总量不增加，耕地面积不减少、质量不降低，用地布局更合理的土地整理工作。挂钩政策对于当前建设用地管理的意义是重大的，它不仅有利于优化用地结构，提高土地集约化程度，还有利于加速农村城市化、现代化的进程，以及有助于实现耕地总量动态平衡等。

四 立足内涵挖潜，扩展为辅的方针

坚持土地集约与节约利用要贯彻挖潜为主、扩展为辅的方针，严格控制建设用地增量。新增建设用地应首先利用存量土地，尽量避免占用耕地，鼓励存量建设用地挖潜；严禁闲置土地，依据《土地管理法》、《闲置土地处置办法》和《城市房地产管理法》等法律法规，采取收取一定的土地闲置费甚至无偿收回土地的使用权这些处罚措施来加大闲置土地处置力度。推进土地利用方式的根本转变，提高土地容积率，以单位土地面积上的投资标准加强建设用地准入制度建设，凡不符合集约用地控制指标的一律不予供地。严格执行《城市建设用地分类与规划建设用地标准》（GBJ137—90）和《村镇规划标准》（GB50188—93）中关于城乡建设人均用地的标准，促进土地集约高效利用，在具体实施时，可根据武威市各区县的实际情况，各城市甚至乡村人均用地指标可有所差别，不必全市一个标准。

参考文献

[1] 王缉慈：《创新的空间——企业集群与区域发展》，北京大学出版社2001年版。
[2] 仇保兴：《小企业集群研究》，复旦大学出版社1999年版。
[3] 马歇尔：《经济学原理》，商务印书馆1962年版。
[4] [美] 迈克尔·波特：《国家竞争优势》，李明轩等译，华夏出版社2002年版。
[5] [德] 阿尔弗雷德·韦伯：《工业区位论》，李刚剑译，商务印书馆1997年版。
[6] 王缉慈：《地方产业集群战略》，中国工业经济出版社1995年版。
[7] 胡宇辰：《产业集群支持体系》，经济管理出版社1999年版。
[8] 纪良纲、陈晓勇：《城市化与产业集聚互动发展研究》，冶金工业出版社2005年版。
[9] 张继彤：《小企业产业分布与空间拓展》，社会科学文献出版社2006年版。
[10] 吴德进：《产业集群论》，社会科学文献出版社2006年版。
[11] 陈秀山、张可云：《区域经济理论》，商务印书馆2003年版。
[12] 孙久文：《区域经济规划》，商务印书馆2004年版。
[13] 毕世杰：《发展经济学》，高等教育出版社2004年版。
[14] 顾强：《中国产业集群第一辑》，机械工业出版社2005年版。
[15] 陈继祥：《产业集群与复杂性》，上海财经大学出版社2005年版。
[16] 杨志明：《甘肃新型工业化道路》，兰州大学出版社2005年版。
[17] 梁琦：《产业集聚论》，商务印书馆2004年版。
[18] 曾坤生：《动态协调发展》，中国建材工业出版社1998年版。
[19] 唐建荣：《生态经济学》，化学工业出版社2005年版。
[20] 张可云：《区域大战与区域经济关系》，民主与建设出版社2001年版。
[21] 蔡绍洪、向秋兰、姚灵：《循环产业集群与西部欠发达地区经济的跨越式和谐发展》，《经济纵横》2008年第1期。
[22] 李辉、李舸：《产业集群的生态特征及其竞争策略研究》，《吉林大学学报》2007年第1期。
[23] 成娟、张克让：《产业集群生态化及其发展对策研究》，《经济与社会发展》2006年第1期。

[24] 李琳、陈东:《西部产业集群的形成与对策研究》,《城市经济·区域经济》2004年第3期。

[25] 何继善、戴卫明:《产业集群的生态学模型及生态平衡分析》,《北京师范大学学报》(社会科学版)2005年第1期。

[26] 吴晓军:《论产业集群对欠发达地区跨越发展的意义》,《城市经济·区域经济》2004年第3期。

[27] 王兆华、尹建华:《工业生态学与循环经济理论:一个研究综述》,《科学管理研究》2007年第2期。

[28] 王悦:《生态学集群理论对产业集群理论和实践的启示》,《科技管理研究》2005年第8期。

[29] 王子龙、谭清美、许箫迪:《基于生态位的集群企业协同进化模型研究》,《科学管理研究》2005年第5期。

[30] 黄振荣、邱加盛:《中国在世界制造业中的地位提升——广东产业集聚》,《学术研究》2003年第3期。

[31] 陈永红、何鹏:《基于产业生态学视角的产业集群生态化研究》,《经济论坛》2006年第14期。

[32] 王发明、蔡宁:《基于产业生态:企业集群的发展趋势》,《改革》2005年第4期。

[33] 穆书涛:《浅谈产业集群在发展循环经济中的作用》,《专题讨论》2005年第5期。

[34] 李康:《生态文明与城市生态化》,《城市规划研究》2005年第5期。

[35] 盛世豪、郑燕伟等:《"浙江现象":产业集群与区域经济发展》,《开发研究》2004年第7期。

[36] 赵建军:《生态文明的理论品质及其实践方式》,《深圳大学学报》(人文社会科学版)2008年第5期。

[37] 安江林:《甘肃城市产业集群发展对策》,《开发研究》2006年第3期。

[38] 成伟:《基于循环经济的产业集群生态化研究——以甘肃省为例》,《开发研究》2006年第5期。

[39] 耿焜:《产业集群生态化发展模式探索——以苏南地区为例》,《宏观经济管理》2006年第5期。

[40] 郑凌云:《产业集聚视野下的高技术园区发展》,《产业经济研究》2003年第2期。

[41] 苏雪串:《产业集群及其对城镇化的影响》,《经济界》2005年第4期。

[42] 高新才:《中国区域差距:基于金融视角的考察》,《学习与实践》2007年第6期。

[43] 张秀峰：《甘肃产业集群发展及对策研究》，《兰州商学院学报》2005年第12期。

[44] 李琳、陈东：《西部产业集群的形成与对策研究》，《城市经济·区域经济》2004年第3期。

[45] 赵淑玲：《产业集群与城市化关系问题研究》，《河南社会科学》2005年第2期。

[46] 吴晓军：《论产业集群对欠发达地区跨越发展的意义》，《城市经济·区域经济》2004年第3期。

[47] 曾煜、陈方亮：《论产业聚集与我国城镇化建设》，《城市经济·区域经济》2004年第11期。

[48] 向俊波、陈雯：《区域产业结构演进与城市化进程》，《中国经济问题》2001年第4期。

[49] 洪银兴：《城市功能意义的城市化及其产业支持》，《经济学家》2003年第2期。

[50] 黄振荣、邱加盛：《中国在世界制造业中的地位提升——广东产业集聚》，《学术研究》2003年第3期。

[51] 张平军：《加快推进甘肃城镇化发展的战略选择》，《甘肃农业》2003年第6期。

[52] 张继良：《以制度创新促进甘肃城镇化进程》，《兰州商学院学报》2003年第4期。

[53] 冯等田：《甘肃城市化进程的探讨》，《开发研究》2003年第2期。

[54] 魏晓蓉：《城市化与甘肃经济内生能力的培育和提高》，《开发研究》2004年第3期。

[55] 盛世豪、郑燕伟等：《"浙江现象"：产业集群与区域经济发展》，《开发研究》2004年第9期。

[56] 鲍宗豪、李振：《区域社会发展与城市化进程的融合》，《城市经济·区域经济》2000年第10期。

[57] 阎胡彬：《从工业化与城市化的关系探讨我国城市化问题》，《城市经济·区域经济》2000年第1期。

[58] 周游、张敏：《经济中心城市的集聚与扩散规律研究》，《城市经济·区域经济》2000年第12期。

[59] 郑凌云：《产业集聚视野下的高技术园区发展》，《产业经济研究》2003年第2期。

[60] 张滴辉：《基于城市经济效率比较的西部城市（镇）化道路的选择：以甘肃为例》，《甘肃社会科学》2003年第4期。

[61] 付允：《低碳经济的发展模式研究》，《中国人口·资源与环境》2008年第3期。

[62] 姜克隽、秀莲、庄幸：《中国2050年低碳情景和低碳发展之路》，《中外能源》2009年第6期。

[63] 冯之浚、牛文元:《低碳经济与科学发展》,《中国软科学》2009年第8期。

[64] 胡兆光:《中国特色的低碳经济、能源、电力之路初探》,《中国能源》2009年第11期。

[65] 李建建、马晓飞:《中国步入低碳经济时代——探索中国特色的低碳之路》,《广东社会科学》2009年第6期。

[66] 任力:《低碳经济与中国经济可持续发展》,《社会科学家》2009年第2期。

[67] 王文军:《低碳经济发展的技术经济范式与路径思考》,《云南社会科学》2009年第4期。

[68] 赵建军:《低碳经济视域下的生态文化建设》,《林业经济》2009年第11期。

[69] 姚丽娟、麻艳香:《以循环经济推动甘肃生态文明建社的战略分析》,《科技管理研究》2009年第10期。

[70] 姚丽娟:《创新型产业集群是提升欠发达区域竞争力的战略选择——以甘肃为例》,《甘肃社会科学》2009年第3期。

[71] 李强、陈宇琳:《中国城镇化"推进模式"研究》,《中国社会科学》2012年第7期。

[72] 刘彦随:《中国县域城镇化的空间特征与形成机理》,《地理学报》2012年第8期。

[73] 蔺雪芹、刘一丰:《中国城镇化对经济发展的作用机理》,《地理研究》2013年第4期。

[74] 胡若痴:《新型城镇化与工业化、信息化、农业现代化关系的马克思主义分析》,《科学社会主义》2014年第4期。

[75] 查新毅:《新疆新型城镇化与工业化发展关系测度》,《对外经贸》2012年第2期。

[76] 杨聪敏:《河北省城镇化与工业化协调关系分析》,《湖北农业科学》2013年第8期。

[77] 龙翠红:《新型城镇化与城市发展方式转型:动因分析与路径选择》,《经济问题探索》2014年第7期。

[78] 李刚、魏佩瑶:《中国工业化与城镇化协调关系研究》,《经济问题探索》2013年第5期。

[79] 孙才志、汤玮佳:《中国农村水贫困与城市化、工业化进程的协调关系研究》,《中国软科学》2013年第7期。

[80] 张欢、王来峰:《中国工业化进程与能源矿产供需均衡的研究》,《中国人口·资源与环境》2011年第3期。

[81] 朱玉碧、凌成树:《加快城市化进程与推进集约用地》,《重庆国土资源》2006年第8期。

[82] 何芳、吴正训：《国内外城市土地集约利用研究综述与分析》，《国土经济》2003年第3期。

[83] 张子彬：《杭州市城市土地集约利用现状与潜力评价》，浙江大学出版社2006年版。

[84] 周明芳：《保定市城市化进程中城市土地集约利用研究》，河北农业大学出版社2007年版。

[85] 张旭光：《我国城市土地集约化利用及其评价》，西安建筑科技大学出版社2005年版。

[86] 温朝霞：《可持续发展思想与城市规划理念的转变》，《广东农工商职业技术学院学报》2004年第2期。

[87] 张丽君：《城市土地集约利用研究》，《国土资源情报》2005年第9期。

[88] 王新军、周彬、苏晓波：《论城市建设土地集约化利用》，《学术界》2005年第6期。

[89] 林坚、陈祁辉等：《土地应该怎么用——城市土地集约利用的内涵与指标评价》，《中国土地》2004年第11期。

[90] 曹建海：《我国土地节约集约利用的基本思路》，《中国土地》2005年第10期。

[91] 倪绍祥：《土地类型与土地评价概论》，高等教育出版社1999年版。

[92] 倪绍祥、刘彦随、杨子生：《中国土地资源态势与持续利用研究》，云南科技出版社2004年版。

[93] 杨庆媛：《中国城市土地市场研究》，西南师范大学出版社2002版。

[94] 曾铮：《亚洲国家和地区经济发展方式转变研究——基于"中等收入陷阱"视角的分析》，《经济学家》2011年第6期。

[95] 熊焰：《低碳转型的推动力》，《中国科技投资》2011年第7期。

[96] 李钢、梁泳梅：《什么是经济发展方式转变》，《中国经贸导刊》2011年第4期。

[97] 周立群：《对经济发展方式转变的理论阐释与实践反思——以质量看待增长》及《〈中国经济增长质量报告2010〉简评》，《社会科学研究》2011年第3期。

[98] 曾铮：《我国经济发展方式转变的理论、实证和战略——基于供给视角的研究》，《财经问题研究》2011年第8期。

[99] 黄东：《森林碳汇——后京都时代减排的重要途径》，《林业经济》2008年第10期。

[100] 张智玮、王惠：《浅析低碳经济对我国三大产业的影响》，《北方经贸》2010年第9期。

[101] 康峰：《资源密集地区应提倡低碳转型》，《中国金融》2011年第9期。

[102] 姚丽娟：《产业集群应成为西部地区生态建设的重要力量》，《光明日报》2014年12月9日第12版。